NICE

CLIMAT, HYGIÈNE

RENSEIGNEMENTS

PAR

E. LIOTARD

PHARMACIEN DE PREMIÈRE CLASSE
CHIMISTE-LAURÉAT
MEMBRE DE LA SOCIÉTÉ CHIMIQUE DE PARIS
ET DE LA
SOCIÉTÉ DE MÉDECINE ET DES SCIENCES DE NICE

TROISIÈME ÉDITION — 1898

PRIX : UN FRANC

...NTE : A NICE, CHEZ L'AUTEUR
ET LES LIBRAIRES
Paris, Société d'Editions Scientifiques
4, Rue Antoine-Dubois, 4

NICE

CLIMAT, HYGIÈNE

RENSEIGNEMENTS

OUVRAGES DU MÊME AUTEUR

~~~~~~~~~~

Manuel de pharmacologie clinique, Société d'éditions scientifiques, 4, rue Antoine-Dubois, Paris. 370 pages, relié.

Manuel d'analyse des urines et sécrétions organiques, M. Maloine éditeur, 21, place de l'Ecole-de-Médecine, Paris. (2me édition.)

Etude sur les tœnifuges végétaux.

~~~~~~~~~~~~~~~~~

NICE

CLIMAT, HYGIÈNE

RENSEIGNEMENTS

PAR

E. LIOTARD

PHARMACIEN DE PREMIÈRE CLASSE
CHIMISTE-LAURÉAT
MEMBRE DE LA SOCIÉTÉ CHIMIQUE DE PARIS
ET DE LA
SOCIÉTÉ DE MÉDECINE ET DES SCIENCES DE NICE

TROISIÈME ÉDITION — 1898

PRIX : UN FRANC

EN VENTE : A NICE, CHEZ L'AUTEUR
ET LES LIBRAIRES
A Paris, Société d'Editions Scientifiques
4, Rue Antoine-Dubois, 4

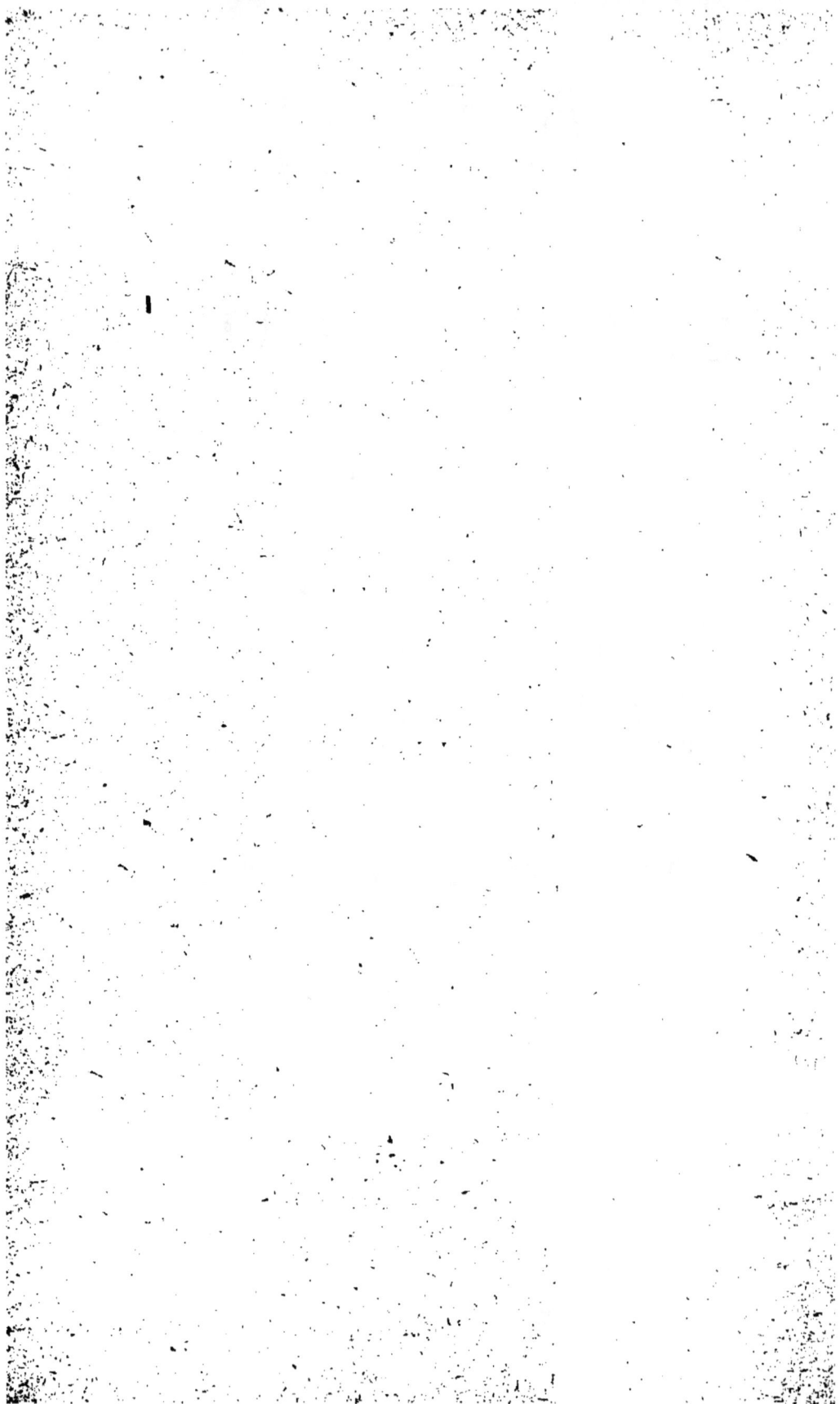

NICE

~~~~~~~~~

> O Nice ! heureux séjour, montagnes renommées,
> De lavande, de thym, de citron parfumées !
> Que de fois sous tes plants d'oliviers toujours verts
> Dont la pâleur s'unit au sombre azur des mers,
> J'égarai mes regards sur ce théâtre immense.
>
> DELILLE, *Les Jardins*, poème écrit à Nice.

NICE, chef-lieu du département des Alpes-Maritimes, est située à 43º 4 de latitude Nord et à 4º 56 de longitude Est. Elle est assise au bord de la *baie des Anges* en forme d'arc de cercle dont les extrémités sont le Mont Boron à l'Est et la pointe de Carras à l'Ouest. Cette étendue est d'environ 10 kilomètres.

Son bassin est limité au Nord par le Mont Chauve et les montagnes qui s'en détachent à gauche et à droite, forment un arc concentrique à celui de la côte.

Nice se trouve à 1,086 kilom. de Paris, 223 kilom. de Marseille et à 188 kilom. de Gênes.

La superficie du territoire de Nice est de 7,192 hectares. — Nice a été à juste titre surnommée la *Reine des stations hivernales* et de la *Côte d'Azur*. Peu de villes réunissent d'aussi bonnes conditions climatériques ; aussi, est-elle le rendez-vous des malades et valétudinaires du monde entier.

C'est la seule ville qui offre autant de ressources aux personnes malades et à celles qui aiment les plaisirs. Chacun peut y vivre suivant ses moyens, et avec tout le confort désirable.

On a trouvé que Nice était une ville de plaisirs ; ce reproche tourne à son avantage ; combien sont nombreuses en effet les maladies qui exigent de la distraction, la plupart étant le contre-coup d'affections morales. A Nice il n'y a pas de transition brusque dans la marche des saisons. Les plantes tropicales qui poussent en plein air témoignent de la douceur de son climat, mieux que toutes les observations de thermomètre. Les Romains avaient fait de Nice une station hivernale très fréquentée.

LA VIE A NICE

Nice est la ville de ressources par excellence ; elle offre tous les avantages aux malades et aux valétudinaires. Une partie des étrangers y recherche les plaisirs, l'autre la santé. Aussi Nice a-t-elle été choisie comme quartier d'hiver. Cette jolie cité s'est adaptée pour ainsi dire avec intelligence et avec goût aux besoins et aux aspirations de ses hôtes.

Les personnes d'une aisance modeste peuvent trouver ici des maisons en harmonie avec leurs ressources et leurs habitudes, aussi bien que les millionnaires. On y trouve la supériorité de toutes sortes d'installations ; comme hôtels, villas, cafés, restaurants et appartements. (Guide Joanne).

Nice possède un opéra, un casino, un café-concert, un cirque, une bibliothèque, un musée ; pour permettre aux étrangers de passer leur temps suivant les goûts de chacun.

Les fêtes du Carnaval méritent d'être vues ; aussi à cette époque, l'affluence de monde est telle qu'il est impossible de trouver une chambre disponible dans les hôtels et appartements, si l'on ne s'y est pris à l'avance.

Pour ceux qui aiment moins le bruit, il y a les batailles de fleurs, qui sont charmantes avec les voitures décorées, d'où l'on se mitraille au moyen de petits bouquets.

Nice offre deux réunions de courses : les unes en plein hiver, les autres au printemps. En un mot, on trouve des divertissements pour tous les goûts.

VÉGÉTATION

Le sol de Nice est remarquable par sa luxuriante végétation : à côté de plantes indigènes croissent les plantes tropicales les plus diverses. Les fleurs y viennent en profusion et embaument l'atmosphère. Outre les fleurs pour bouquets, les fleurs pour la parfumerie constituent une source de richesse pour le pays.

Nice fait aussi une grande culture d'oliviers, d'orangers et citronniers. Le département des Alpes-Maritimes doit à ses différentes altitudes cette grande variété dans ses productions. En effet le nombre de plantes qui croissent naturellement dans un département français est de 1.000 à 1.200 environ ; dans toute la France on n'en compte que 4.000 à peu près. Le département des Alpes-Maritimes à lui seul possède 2.500 variétés. La végétation reproduit en petit toutes les zones de l'Europe.

Le citronnier donne deux récoltes et est représenté par 180 variétés ou sous-variétés. L'olivier, dont il existe 6 espèces, constitue la principale richesse de la campagne de Nice.

Le figuier, dont on compte 72 variétés, croit aussi abondamment sur le territoire de Nice. Quelques espèces peuvent rivaliser avec celles de Smyrne. Pour bien saisir toutes les beautés de cette végétation luxuriante, le promeneur n'a qu'à se laisser aller au hasard de la campagne, sans autre souci que de respirer l'air tiède et chargé de parfums.

Aussi, n'est-ce pas étonnant que ce pays ait attiré de tout temps l'attention des naturalistes. Cette variété infinie de plantes, cette végétation persistante en toute saison, remplit l'âme d'ivresse et impressionne favorablement le moral des malades.

La végétation d'un pays est le criterium le plus sûr pour pouvoir se faire une opinion sur son climat.

La culture maraîchère prend une grande importance dans les plaines du Var, et Nice alimente en partie le littoral. Au mois de février on obtient dans les endroits abrités les pommes de terre, les petits pois et les artichauts. Les nèfles du Japon viennent vers le milieu d'avril et les fraises toute l'année.

CLIMAT

Hippocrate a fait du climat l'une des parties les plus importantes de la thérapeutique. Les effets salutaires du climat de la *Côte d'Azur* ont été et sont universellement constatés par les sommités médicales telles que les docteurs Pietra Santa, Huchard, Lippert, Lubanski, Bennet, Daremberg, Macario, Niepce, Lagrange, Onimus, Franken, Gimbert.

Nice est la reine des villes d'hiver de la Méditerranée et de l'Europe toute entière (guides Dentu). Nice d'après le D\r Orgeas est la reine incontestée de la *Côte d'Azur*. Le nom de Nice dit Reclus éveille dans l'esprit l'idée d'un climat exceptionnel de douceur et de salubrité.

Nice a été chantée par les poètes ; Alp. Karr qui l'a habitée longtemps, écrivait : « Tout est réuni dans cet heureux pays pour impressionner doucement le moral des malades, la chaleur féconde du soleil, la mer immense, les beaux arbres, le parfum des fleurs, le ciel limpide, etc. ».

De toutes les maladies, celles qui paraissent le plus heureusement influencées par le changement de climat, sont les affections pulmonaires (Dujardin-Beaumetz, Hyg. thérap.). En effet, la phtisie, maladie la plus redoutable qui occasionne 20 0/0 de décès dans les grandes villes,

donne (à la 1re période) de nombreux cas de guérison grâce à l'action du climat de Nice.

La douce température de Nice qui fait éclore
tant de fleurs et qui donne une puissance de
végétation si merveilleuse à des plantes difficiles
à conserver dans les serres du Nord de la France,
profite également à l'homme et peut souvent lui
rendre un renouveau de force (Reclus, Géogr.
univers.).

La beauté exceptionnelle du climat de Nice
est due surtout à son heureuse exposition qui
en fait une véritable serre chaude.

C'est le climat de Nice qui a attiré l'attention
des médecins et des malades sur la région médi-
terranéenne Voici ce qu'écrivait au siècle dernier Lord Smollet sur le climat de Nice :

« Il n'existe aucun endroit où les pluies et les
« vents sévissent moins qu'ici. Pour vous don-
« ner une idée de la sérénité de l'air, je puis
« vous affirmer que, durant des mois entiers, on
« n'aperçoit au-dessus de sa tête rien qu'un azur
« intense, délicieux pour le regard. Les traînées
« de brume formées par l'évaporation des flots
« ne peuvent planer longtemps sur son terri-
« toire. »

Voici l'appréciation du Dr Josiewiez qui,
n'exerçant pas à Nice, ne peut être taxé de
partialité :

« Nice, grâce à une situation privilégiée,
« jouit des trois climats désignés sous les noms

« d'*excitant*, *mixte* et *calmant*, selon que, vous
« éloignant du rivage enchanteur de la *Baie des*
« *Anges*, vous pénétrez dans l'intérieur des
« terres. »

Nous pourrions faire de nombreuses citations
analogues.

D'autres ont critiqué ce climat, la plupart
peut-être dans un but plus ou moins intéressé,
comme le disent fort bien plusieurs médecins
dans divers opuscules sur Nice.

Tandis que dans le Nord, les malades suivent
les règles de l'hygiène et les conseils des médecins, à Nice ils croient devoir passer outre. Il
faut s'adapter à notre station comme on fait
pour les villes thermales. Il est bon de prendre
des précautions et se ménager si l'on est malade ; en un mot il faut savoir user de notre climat et profiter de ses avantages.

Ceci dit, nous allons définir ce que l'on veut
dire par climat :

On entend par *climat* l'ensemble des conditions atmosphériques (températures moyennes,
humidité, air, vents, pluie, pression barométrique, insolation, nuages, rosée) auxquelles se
trouve soumis un pays.

On a divisé les climats en *chauds*, lorsque la
température est de + 20 à + 25 degrés centi-
grades ; *froids* ceux dont la température ne
monte pas au-dessus de + 10 et *tempérés* dont
la moyenne reste entre + 10 à + 15 degrés.

Nice appartient donc aux *climats marins tempérés*.

La *climatothérapie* est l'application des effets produits par les agents atmosphériques sur la cure des maladies. On voit par là que les climats jouent un grand rôle en thérapeutique. Aussi le climat de Nice qui est doux et tempéré est-il de plus en plus recherché.

Les étrangers malades peuvent séjourner à Nice d'octobre en mai.

La chaleur de l'atmosphère est le facteur principal d'un climat ; les variations de la chaleur déterminent les autres phénomènes météorologiques. La température moyenne est d'autant plus constante que les jours et les nuits sont d'une durée plus égales.

INFLUENCES DU CLIMAT

Une des questions les plus intéressantes pour la science, une des plus sérieuses pour les privilégiés de la fortune, est celle des climats.

Connaître cette terre bénie où le malade doit retrouver l'existence qui va lui échapper, y courir en hâte, se réchauffer aux rayons vivifiants d'un soleil rénovateur, vivre sous ce ciel clément, telle est la pensée dominante du malade. La connaissance des climats est donc pour le praticien d'un intérêt capital.

Depuis que la vapeur et l'électricité ont suppri-
mé les distances, depuis que les barrières se
sont abaissées entre les peuples, et qu'en quelques jours l'on peut passer de l'extrême Nord
aux pays du soleil, l'étude de la climatologie
est devenue indispensable.

MALADIES	CLIMAT
Anémie. Chlorose, *avec excitabilité...*	Doux et toni-sédatif.
— *avec dépression*......	Excitant.
Bronchite, *avec sécrétion*	Doux, sec, un peu excitant.
— *sans sécrétion*........	Doux, humide.
— *chez les irritables*...	Toni-sédatif.
Cœur (Affections du)....	Doux, tempéré.
Diabète.................	Tonique, peu chaud, sec. Ne pas prendre de bains de mer.
Diarrhée chronique.....	Éviter les clim. chauds et humides.

TEMPÉRATURE

La température de l'air a une importance
dans l'évolution des maladies.

Ce qu'il importe surtout de considérer, ce
sont les moyennes de la saison d'hiver ; et par
saison nous n'entendons pas la durée astrono-

mique, mais le laps de temps pendant lequel les étrangers pourront séjourner dans notre pays sans inconvénients pour leur santé.

A Nice le thermomètre descend rarement au-dessous de 0°. Les saisons se succèdent sans changements brusques ; en effet, les différences de température d'un mois à un autre sont de 2° 5 en moyenne. Le maximum de la température a lieu entre 1 et 2 heures. Le minimum se produit au moment du lever du soleil.

Voici les moyennes de la température pendant les trois mois d'hiver.

	Lever du Soleil	2 heures	Coucher du Soleil
Décembre	6° 1	11° 8	9° 8
Janvier. .	6° 6	11° 6	9° 9
Février. .	4° 7	12° 9	10° 8

. L'hiver..............	moyenne de	9°.6
Le printemps........	—	18°
L'été..............	—	23°
L'automne..........	—	12°

La température doit être prise à l'ombre et au Nord, à l'abri de toute reverbération. Se servir de thermomètres enregistreurs, qui donnent la température à toutes les heures de la journée et de la nuit, par le tracé d'une courbe.

Sir James Clark, certifie que la température pendant le jour (de 10 h. à 4 h.) est plus égale à Nice, qu'en tout autre endroit fréquenté par les malades.

Il existe une différence sensible entre la tem-

pérature du soleil et celle de l'ombre ; fait auquel
on devra prendre garde.

Il y a une contradiction apparente entre les
bulletins météorologiques sur Nice, provenant
du bulletin international édité à Paris par le
Bureau de météorologie. Cette différence provient de ce que les observations fournies sont
faites à l'observatoire du Mont Gros qui se
trouve à une altitude de 340 mètres. Or on sait
que la température diminue avec l'altitude. De
plus cet observatoire est exposé jour et nuit au
fort courant d'air du Paillon qui n'est certes pas
fait pour augmenter la température à ce point.

En effet, la moyenne de la saison est d'environ
0° 5, plus basse que celle de la ville au même
instant.

LIGNES ISOTHERMES

Lorsqu'on joint entre eux sur une carte, tous
les points dont la température moyenne est la
même, on obtient les courbes de Humboldt désignées sous le nom d'*isothermes*. Ces lignes
seraient à peu près parallèles si l'altitude ne
venait pas influencer la température.

La ligne qui passe à Nice a une direction
parallèle aux Pyrénées, en se tenant au Nord
de cette chaîne de montagnes. Puis elle s'incurve en suivant la direction de la côte du

golfe du Lion. Arrivé à Nice, le tracé devient horizontal.

La ligne isotherme s'incurve dans l'Adriatique après avoir traversé l'Italie ; puis la Grèce obliquement, se dirigeant vers le Sud. La ligne isotherme remonte ensuite l'Asie Mineure ; traverse la mer Noire à l'Est ; longe une partie du Caucase ; coupe enfin la mer Caspienne vers son milieu.

TABLEAU COMPARATIF

des

OBSERVATIONS MÉTÉOROLOGIQUES

Faites en diverses Localités le 15 Avril 1897

LOCALITÉS	BAROMÈTRE au Niveau de la Mer	TEMPÉRATURE centigrade	HUMIDITÉ en %	DIRECTION DU VENT
Biarritz............	773.0	11.8	69	N.
Paris..............	770.1	5.8	72	S.-O.
Nice..............	765.3	12.1	83	O.
Florence..........	767.2	9.2	87	S.
Rome.............	766.2	10	82	O.
Palerme..........	766.2	11.6	84	O.
Zurich............	766.3	11	71	S.-O.
Vienne...........	765.2	9.2	95	O.
Constantinople....	765.3	9.6	76	N.-E.
St-Pétersbourg.....	773.6	3.6	52	—

HYGROMÉTRIE

Le plus grand degré de sécheresse est produit par les vents du Nord et Nord-Ouest qui se dépouillent de leur humidité en passant au-dessus des Alpes ; et le plus grand degré d'humidité par les vents du Sud qui se saturent de vapeur d'eau sur la Méditerranée.

Dans les chaleurs de l'été, l'état hygrométrique de l'air est en général moins près de son point de saturation qu'en hiver ; et, de plus, sa température étant plus élevée, sa capacité de vapeur pour arriver à saturation est plus grande qu'en hiver.

Le degré d'humidité de l'air à un moment donné dépend à la fois de la quantité absolue de la vapeur d'eau que cet air contient et de la température de l'atmosphère au même instant.

Le Dr Weber classe l'humidité de la manière suivante :

Très sec ....jusqu'à   55 %
Sec.................... —   75 %
Moyen humide........ —   90 %
Très humide.......... —   90 à 100 %

C'est seulement au coucher du soleil, comme dans tout littoral, par suite du refroidissement de l'atmosphère qu'il se produit de l'humidité ; le reste du jour l'atmosphère est sèche.

L'humidité change beaucoup la sensation au

point de vue physiologique du climat, en influençant la peau et les évaporations dues à la respiration. En effet, plus l'atmosphère contient de l'eau (qui par conséquent se rapprochera le plus de la saturation), plus il sera difficile à la vapeur provenant des poumons de s'éliminer.

L'humidité atmosphérique joue un rôle si important que le Dr Chiaïs (de Menton) a proposé un classement de climat, non d'après les degrés de la température, mais d'après l'humidité du jour. Selon lui, l'état hygrométrique jouerait le rôle le plus important dans la production des maladies. La vapeur d'eau est, en effet, cause de refroidissements, car elle absorbe une grande quantité de la chaleur solaire.

Le mois le plus sec est le mois de mars à 58 % ; le plus humide, le mois de juin 63 %. La moyenne de l'humidité à Nice est de 61 %

La marche diurne de l'humidité relative est inverse de la température ; elle présente un maximum le matin, qui correspond au minimum de la température et vice-versa.

Il y aurait un rapport constant entre la tension de la vapeur d'eau et la mortalité ; une tension hebdomadaire de la vapeur d'eau au-dessous de 5 millimètres augmenterait cette mortalité.

Nous concluons en disant que l'atmosphère à Nice est aussi éloignée d'une forte siccité que d'une extrême humidité.

AIR MARIN

L'effet de la mer consiste à adoucir le climat, par l'action des courants marins, qui répartissent sur les côtes la chaleur que la mer reçoit du soleil. La vapeur d'eau en 'se mêlant sans cesse à l'air atmosphérique agit comme un vêtement qui préserve le sol d'un échauffement ou d'un refroidissement trop grand.

La pression de l'atmosphère atteint au niveau de la mer son maximum. Tandis qu'à Paris la pression est par centimètre carré 1.028 gr., elle est au bord de mer de 1.033. Par suite on absorbe dans un même laps de temps plus d'oxygène.

La pression barométrique subit moins de variation que sur le continent.

D'après Pouchet, l'air est sur la Méditerranée de la plus grande pureté ; celui-ci ne contient en effet, que de rares corpuscules de silice d'une extrême ténuité et rien qu'on puisse confondre avec une spore. |

La température de l'atmosphère maritime est plus constante et plus douce ; la chaleur de l'été y est plus tempérée et le froid a une intensité moindre durant l'hiver.

L'air marin est imprégné de chlorure de sodium, de brome, d'iode et d'ozone ; ces corps sont sous tous les rapports profitables à la santé.

Par son ozone, il est plus riche en oxygène que l'air continental.

L'atmosphère maritime est plus en mouvement que celle du continent, cela amène son renouvellement continuel ; circonstance qui rend l'air plus pur.

L'air marin a pour effet d'augmenter : les mouvements respiratoires, la température du corps, les sécrétions et les fonctions digestives. C'est un spécifique de la scrofule. Il faut que le patient qui se traite par l'air marin vive au grand air, le plus près possible de la mer.

Il résulte de tout ce qui a été dit précédemment, que l'air marin possède toutes les propriétés d'un air salubre. Les pêcheurs de notre côte représentent la partie la plus robuste de la population, tout en vivant mal et dans de mauvaises conditions d'hygiène.

En un mot, l'air maritime, comme l'air pur en général, mais à un plus grand degré, imprime une grande activité à l'hématose et à l'innervation.

L'air salin s'élève à environ 20 mètres sur les côtes.

MÉDITERRANÉE

La Méditerranée est la plus chaude des mers tempérées. Les vagues se succèdent avec un roulement cadencé. Les lames d'eau se brisent et s'épanchent tout le long de la côte. Au loin la mer paraît à peine ridée. Son fond a des hauteurs très variables, dont les différences de niveau sont très perceptibles sur la côte en pêchant à la ligne de fond.

La teinte de l'eau varie suivant sa profondeur et les algues qui se trouvent au fond de la mer. Le sable lui donne une couleur jaunâtre. La couleur qui domine est le bleu indigo.

Beaucoup plus calme que l'Océan, ses vagues atteignent une hauteur moindre. Ses marées sont à peine perceptibles. L'eau n'avance en effet guère plus de deux mètres sur le rivage. A l'équinoxe du printemps il y a généralement perturbation. Le solstice d'été se fait surtout remarquer par le calme de cette mer et la faible variation de son niveau.

Le niveau de la Méditerranée est plus bas en février, il atteint son maximum d'élévation en mai. La profondeur de la Méditerranée est considérable à Nice, non loin du rivage elle a 1.400 mètres de fond.

La Méditerranée renferme environ les deux tiers des espèces de poissons qui vivent dans les mers d'Europe. Elle est d'une placidité remarquable, aussi, avec ses côtes ensoleillées et son ciel limpide et transparent, a-t-elle séduit tous les artistes qui l'ont connue.

Sur le littoral provençal, comme au-delà, la Méditerranée s'éloigne peu à peu de la côte ; ainsi à Nice elle s'est avancée de 500 mètres vers le Sud.

La Méditerranée contient. 4.1 de sels
L'Océan Atlantique — 3.8 —
La Manche........ — 3.6 —
La Mer du Nord... — 3 3 —
La Baltique........ — 2.2 —

Les Romains l'appelaient *Mare nostrum*. Les petites différences de niveau que subit la Méditerranée, sont surtout sous la dépendance de la direction des vents. Elle a des courants qui proviennent de l'Atlantique par le détroit de Gibraltar.

La lumière pénètre plus profondément ses eaux ; elle peut aller jusqu'à 350 mètres.

Tandis que la température est de 24° à la surface, elle descend à 12° 7 à plus de 2.000 mètres. L'Océan au contraire possède une température de 20° à la surface et 3° à plus de 2.000 mètres.

ÉTAT DU CIEL

Le soleil règne en souverain maître sur notre littoral, donnant à la végétation cet essor que tous les étrangers admirent. Le ciel est rarement obscurci par les nuages.

D'après Teysseire il y aurait comme jours ensoleillés :

50 jours en Hiver
48 jours au Printemps.
60 jours en Eté.
46 jours en Automne.

Octobre. — Température et état hygrométrique se rapprochant de ceux de mai. Sa végétation très belle et ses pluies rafraîchissantes en font un second printemps.

Novembre. — Jouit généralement d'une température très douce, quoique moins ensoleillé ; renaissance de la végétation florale.

Décembre. — Beau mois d'hiver. Les oranges, les citronniers et les oliviers sont couverts de fruits. Les fleurs printanières commencent à paraître.

Janvier. — Ordinairement très beau (notamment en 1898 où il n'est pas tombé une goutte d'eau, et pendant lequel le soleil n'a cessé de briller).

Février. — Ce mois est un peu moins avantageux sous le rapport thermométrique ; le beau temps domine quand même.

Mars. — Moins fixe que les autres mois, la végétation se réveille, les fleurs abondent, le soleil commence à être chaud.

Avril. — Variable dans la deuxième quinzaine, venteux et parfois pluvieux. La campagne est en pleine végétation et commence à donner des primeurs.

Mai. — Mois délicieux, le plus agréable. La nature est en pleine végétation, les fleurs sont à profusion. C'est l'époque des promenades à la campagne.

LUMIÈRE

Outre la température, ce qui caractérise aussi le littoral de la Riviera, c'est la lumière. Tandis qu'un temps brumeux rend triste et mélancolique, une atmosphère lumineuse pousse à la gaieté et possède une grande influence sur le moral et par suite sur la santé de l'homme (*mens sana in corpore sano*).

L'atmosphère est tellement claire qu'il est possible de voir la Corse au lever du soleil, si l'on se trouve en un point élevé. Nulle part l'atmosphère n'est aussi transparente.

Cette luminosité a aussi une grande influence sur la végétation, et c'est grâce à elle que la fonction chlorophyllienne peut s'établir. Ce phénomène a aussi son importance au point de vue climatérique.

La lumière en effet amplifie l'action vitale, active la nutrition, la respiration et la circulation ; elle possède une action antiseptique en détruisant le germe morbide, augmentant l'hémoglobine. En un mot, la lumière agit comme un corps oxydant.

VENTS

Les vents froids ne soufflent qu'à des intervalles éloignés. Ces vents ne sauraient cependant être comparés pour la violence, à ceux que les étrangers, venant des pays du Nord, rencontrent chez eux. A part le *mistral*, les vents ont peu d'intensité et sont de courte durée à Nice. Ils ne sont que relativement froids et leur action se fait d'autant plus remarquer que la douceur du climat est plus grande.

Au point de vue hygiénique, un vent sec, ni froid ni violent est d'un effet salutaire. Les vents exercent sur le climat et l'état sanitaire des lieux une grande influence. Ils renouvellent l'atmosphère et abaissent la température du corps.

Les vents s'éloignent des zones à hautes pressions et se dirigent vers les lieux à faible pression barométrique.

Nice a environ 60 jours de vent par an. La

fin du mois d'avril et le mois de mai sont les
époques les plus venteuses de l'année. C'est en
novembre et en février que les vents se font le
moins sentir. Le vent est la cause principale du
non acclimatement à la mer de la majorité des
arthritiques et rhumatisants.

VENT D'EST

Le vent d'*Est* encore nommé *levant* est celui
qui domine sur le littoral méditerranéen ; il est
moins froid que le vent du Nord. Il souffle en
moyenne 40 jours par an. Il se fait principale-
ment sentir au printemps et en automne. Il
entraîne les nuages qui parfois se résolvent en
en pluie. C'est un vent sec.

VENT DU NORD

Le vent du Nord ou *tramontana* (d'au delà des
monts) est rarement impétueux, car il est en
grande partie arrêté par les Alpes. Parfois, après
avoir suivi la vallée du Paillon, il se jette avec
assez de violence sur le territoire de Nice. C'est
un vent sec et froid qui indique le beau temps.
En effet, comme il souffle avant le lever du
soleil, il chasse les nuages ; ce qui fait que Nice
lui doit en partie son beau soleil.

VENT DU SUD-OUEST

Ce vent, appelé par les indigènes *libeccio*,
souffle en moyenne 10 jours par an. Il est beaucoup moins impétueux qu'en Corse, à Bastia

notamment. C'est un vent humide et chaud, nuisible à la végétation. Il vient de la mer.

VENT DU SUD-EST

C'est aussi un vent maritime ; fréquent en été Il indique le beau temps, fait monter le thermomètre en hiver. Il tempère la chaleur et la sécheresse en été.

MISTRAL

Ce vent (Nord-Ouest) qui sévit avec tant d'impétuosité à Marseille, est arrêté en partie par l'Estérel et les montagnes qui environnent le bassin de Nice. Le mistral s'annonce par une baisse barométrique et par la diminution de l'humidité de l'air ; il souffle parfois deux jours consécutifs. Il est froid et amène le beau temps en dissipant les nuages. Il provient de la vallée du Rhône et sévit surtout en avril. C'est un des vents les plus desséchants de l'Europe.

BRISES

Les brises sont des vents périodiques et journaliers. Il existe la brise de mer et celle de terre.

La brise de mer allant à la terre se lève le matin vers 10 heures ; à la tombée du soleil le contraire se produit, c'est la brise de terre.

Dès le lever du soleil la terre se réchauffe plus tôt que la mer ; l'air terrestre ayant ainsi acquis moins de densité s'élève dans l'atmosphère et est remplacé par l'air de la mer qui est moins chaud, d'où un courant de la mer à la terre.

A un moment donné, soir et matin, la température de l'atmosphère marine et terrestre étant les mêmes, ces déplacements ne se produisent pas ; il y a alors un calme.

Pendant l'hiver, par un temps froid, la brise de terre peut se maintenir toute la journée.

BROUILLARDS, NUAGES

A Nice, les *brouillards* ne sont que des vapeurs transparentes. Ils s'élèvent tantôt sur la mer, tantôt sur la terre, pour disparaître peu de temps après sous l'influence des vents. Ils séjournent le plus souvent au loin, sur le sommet des montagnes qui bornent l'horizon au Nord. Ils ont généralement une direction du Sud au Nord et proviennent de la mer.

Les brouillards et les nuages forment un écran aux rayons solaires ; diminuent le rayonnement terrestre et contribuent par suite au refroidissement de l'atmosphère. Ce refroidissement est préjudiciable aux phtisiques, qui par leur influence éprouvent plus de difficulté à respirer.

Les *nuages* sont très élevés au-dessus de la mer, et plus bas sur la terre. Le brouillard est un nuage près du sol. D'après le D\u02b3 Macario il y a, par an, 66 jours nuageux à Nice. Aussi, le ciel de Nice est un des plus clairs de la Riviera. (Dr de la Harpe).

Les brouillards ont beaucoup d'influence sur la santé ; ils contiennent des miasmes terrestres, quand ils proviennent de localités insalubres : ce qui n'est pas le cas pour Nice. Ils apparaissent deux fois par an en moyenne et surtout au printemps.

Les nuages en descendant dans les régions inférieures de l'atmosphère que nous respirons y exercent une compression.

ROSÉE

La rosée est abondante au printemps et en automne ; alors qu'il existe un grand contraste entre la température du jour et celle de la nuit. La rosée augmente par le vent du Sud-Ouest. Elle est favorisée par la sérénité du ciel et le calme de l'air. Si le ciel vient à se couvrir quand la rosée se dépose, la rosée cesse de se former.

La rosée est due à la condensation des couches inférieures de l'atmosphère par suite du refroidissement du sol.

Par les temps calmes de décembre et de janvier et par un ciel sans nuage, on voit parfois au milieu du jour le pavé des rues allant de l'Est à l'Ouest, mouillé comme s'ils avaient été arrosés. Rien de semblable ne s'observe dans les rues qui sont au contraire orientées du Nord au Sud, ces rues n'étant pas ensoleillées. C'est une *rosée diurne.*

On donne le nom de *rosée blanche* à celle qui est congelée. Celle-ci est une cause puissante de refroidissement.

BAROMÈTRE

A Nice, la pression barométrique est élevée, sa moyenne est de 761 millimètres ; on y observe très rarement de brusques variations (qui sont nuisibles à la santé). La pression atteint son maximum en hiver (janvier) et son minimum au printemps (mars), elle est plus élevée le matin que le soir.

Les vents du Sud diminuent la pression atmosphérique ; d'ailleurs, les variations barométriques sont liées aux variations des vents.

Le mercure s'élève parfois par un temps humide et pluvieux, tandis que d'autre fois il s'abaisse par un temps sec et beau. Ces anomalies sont souvent produites par des contrastes du vent du Sud et du vent du Nord.

La colonne barométrique est plus élevée le matin. La nuit, entre 9 et 10 heures, la pression barométrique arrive à son maximum nocturne.

On peut, par le moyen de certaines plantes,
prévoir le temps qu'il fera. La tige de trèfle
dressée indique la pluie. Si la fleur de l'oxalis
se ferme il fera de la pluie et orage, si, au
contraire, elle s'ouvre, il fera beau temps.

A Nice, la pression ne varie que de 0,034 dans
le courant de l'année. Les fortes dépressions
amènent généralement plutôt le vent que la
pluie. Les baisses barométriques ne sont jamais
accompagnées de phénomènes météorologiques
proportionnés à leur amplitude, comme l'on
pourrait s'y attendre. En général, la pression
est moindre par la pluie que par le beau temps.

PRÉDICTION DU TEMPS

Il fera beau : Si trois ou quatre jours après
son renouvellement, la lune est bien nette :

Si au premier quartier, la lune n'a pas de
taches ;

Si à la pleine lune, cet astre est sans taches
et sans cercle rouge.

Il pleuvra : Quand les *cirrus* traversent rapidement l'atmosphère, venant du Nord ou du
Nord-Ouest.

Il y aura tempête dans la direction où vont les
cumulus.

PLUIE

Le nombre des journées pluvieuses diminue
du Nord au Sud ; tandis que la quantité d'eau
qui tombe est, au contraire, plus considérable
vers le Sud. Cela provient des averses qui se
produisent dans le Midi, tandis que, dans le
Nord, il tombe plutôt une pluie fine.

D'après le docteur Macario, la moyenne serait :

Année	56 jours	quantité moyenne
Hiver	15 —	192 $^m/_m$
Printemps	7 —	215 $^m/_m$
Eté	4 —	80 $^m/_m$
Automne	30 —	308 $^m/_m$

C'est pendant les équinoxes qu'il pleut le plus.
De l'Est et du Sud-Ouest viennent les pluies les
plus fréquentes ; les vents du Nord-Est et du
Sud nous apportent les plus abondantes. Les
accumulations des nuages causent aussi de fortes
pluies. La pluie purifie l'air des poussières et
des miasmes. Les gouttes de pluie électrisent
l'air ambiant. Après la pluie la plus violente, le
soleil apparaît souvent dans un temps très court.

La pluie fine est celle qui ne vient pas de
haut, et les gouttes sont d'autant plus grosses
qu'elles partent de plus haut.

NEIGE

Des hivers peuvent se passer sans neige ; il en est tombé parfois durant la saison froide, mais elle ne séjourne pas, elle fond sitôt qu'elle a touché le sol. En un mot elle ne tombe guère plus souvent que sur le littoral algérien ou de l'Italie du sud. D'après Teysseire elle serait tombée 33 fois en 30 ans ; le plus souvent en décembre.

Maintes fois il a neigé à Menton sans qu'il en soit tombé un atome à Nice. (Notamment le 2 décembre 1879). Pareille observation a été faite pour Monaco et pour les environs de Nice, sur les territoires de Cagnes et de Vence.

La neige est généralement amenée par les vents du Sud-Est.

ORAGES

Les orages sont plus fréquents en été qu'en hiver. Il s'en produit de 5 à 6 l'été et 1 à 2 l'hiver ; ils sont accompagnés de pluie abondante. L'équilibre électrique est rarement troublé, car la mer et les collines, entre lesquelles la ville est bâtie, jouent le rôle de deux conducteurs.

La charge électrique devient d'autant plus

forte que le ciel est plus serein, la température moins élevée et l'altitude plus grande.

Le tonnerre se fait entendre environ 15 fois par an à Nice. Les orages secs sont ceux qui tendent le plus le système nerveux ; ceux qui sont accompagnés de pluie sont moins sensibles.

L'on peut supposer que l'air de Nice est surchargé d'électricité, par suite de l'évaporation continuelle de l'eau de mer et de la force de la végétation. Cependant, les observations faites montrent qu'il n'y a pas un surplus notable d'électricité atmosphérique.

La *foudre* est attirée de préférence sur les montagnes ; d'autres fois elle tombe dans la mer, garantissant ainsi la ville.

OZONE

L'air marin contient, comme il a été dit, de l'*ozone*. Ce corps n'est que de l'oxygène condensé par l'électricité atmosphérique. L'ozone vient de la mer poussé par les vents. Il augmente au fur et à mesure que l'on s'élève dans l'air.

Le mois de mai offre le maximum ozonométrique et le mois de novembre le minimum.

Les tuberculeux se trouvent bien des inhalations d'ozone. L'ozone augmente l'oxyhémoglobine du sang. Il agit en oxydant et coagulant les substances organiques.

Ce gaz n'a aucune influence sur les maladies nerveuses. Son odeur se perçoit encore pour 0,000,001 dans l'air. L'air en contient 1/4 50.000 au maximum ; il disparaît dans les chambres habitées, dans les salles d'hôpitaux.

Les grandes épidémies ne se déclarent que si l'ozone fait défaut dans l'air atmosphérique à l'endroit où elles sévissent. L'ozone a la propriété de stériliser les liquides contaminés ; ainsi le lait en présence de l'ozone se conserve presque indéfiniment. Dans l'air cette stérilisation est encore plus rapide.

L'ÉTÉ A NICE

A Nice, les mois d'été sont plus agréables que dans la majorité des capitales de l'Europe ; il existe, en effet, peu de pays où la chaleur soit plus tolérable.

C'est la saison la moins variable et surtout sans pluie.

La brise de mer vient corriger la chaleur du jour, et la brise de terre contribue à la ventilation de l'atmosphère, ce qui est très salutaire. Cependant, peu d'étrangers connaissent l'été de Nice.

Outre les fleurs qui viennent à profusion dans les jardins, répandant leur parfum suave, l'été nous apporte les fruits les plus variés en commençant par les figues-fleurs, cerises, abricots, pêches, etc.

Pendant l'été, ce sont surtout les soirées et les nuits qui sont délicieuses. Le Jardin-Public et la promenade des Anglais sont le rendez-vous des habitants, qui viennent y respirer l'air frais sous un ciel parsemé d'innombrables étoiles. Celles-ci, en se reflétant dans la mer légèrement en mouvement, lui donnent un aspect féerique.

Un des grands attraits de Nice, l'été, sont les bains de mer, qui ne sont point ici contrariés par les pluies. Le jour, à partir de 4 heures du soir, les Niçois viennent dans les établissements de bains de la promenade, les uns pour s'y baigner, d'autres pour se rencontrer avec leurs amis, causer pendant que les enfants prennent leurs ébats sur les galets.

Tous les boulevards sont plantés de beaux platanes qui donnent une ombre agréable et permettent les sorties par les plus grandes chaleurs. Il est regrettable qu'il ne s'y trouve pas un casino-concert en plein vent.

Bulletins Météorologiques du 21 Juillet 1898

DONINELLI — NICE

Expos. Nord	7 h. m.	midi	6 h. s.
Baromètre.......	761.2	761.6	762.3
Thermomètre....	24.5	26.6	25.3
Vent............	nul	»	»
Ciel............	beau	»	»

Minima : 19.0. — Maxima : 28.0.

OBSERVATOIRE MONT-GROS (373 m.)

Expos. Nord	9 h. m.	midi	6 h. s.
Baromètre.......	759.6	759.8	760.7
Thermomètre....	20.4	24.8	23.6
Vent............	nul	S.-E.	S.-O.
Ciel............	tr. nuag.	beau	»

Minima : 17.7. — Maxima : 27.2.

VICHY

Expos. Nord	matin	midi	soir
Baromètre.......	756 8	754.3	753.8
Thermomètre....	26.2	29	27
Vent............	nul	S.-O.	O.
Ciel............	n. épars	beau	n. épars

Minima : 25.8. — Maxima : 30.5.

ACTION DU CLIMAT

Le climat est le plus puissant modificateur dont l'homme puisse éprouver les effets (Dr Macario). On recherche dans le climat les conditions les plus favorables pour le bon fonctionnement de l'organisme.

Le climat de Nice est nécessaire à tous ceux qui ont besoin d'être fortifiés et tonifiés. Il convient aux malades de tout âge, enfants ou vieillards, chez lesquels la vitalité est peu énergique.

Une température douce, l'influence excitante des rayons du soleil, l'absence ordinaire des pluies, la sécheresse modérée de l'air permettent de passer la plupart des journées en plein air. Cette existence, dans de telles conditions, donne de l'appétit et améliore les fonctions digestives.

En un mot, le climat de Nice donne une activité plus grande à toutes les fonctions. Les pores de la peau sont entretenus dans un état de perméabilité constante.

Journée Médicale. — On entend par journée médicale la durée du temps pendant lequel les malades doivent sortir. Ce laps de temps est compris entre l'heure qui suit le lever du soleil et demi-heure avant son coucher; soit 8 heures environ par jour.

Les étrangers, surtout les malades, devront quitter le Nord vers le milieu d'octobre pour jouir le plus longtemps possible des bienfaits de notre climat.

Le climat de Nice convient dans les cas suivants :

Les malades atteints d'affections des voies respiratoires, à tempérament lymphatique, les vieillards et les enfants devront séjourner près du rivage. Les malades prédisposés à la phtisie pulmonaire devront rechercher l'air marin.

Nice convient en outre en cas : d'anémie, chlorose, asthme, paralysies, emphysème, bronchites, affections nerveuses de la digestion, neurasthénie, hypocondrie, mélancolie, scrofule, rachitisme, diabète, albuminure, arthritisme.

Nice et son territoire se divisent en trois zones au point de vue médical :

1º La zone maritime essentiellement tonique et parfois excitante.

2º La zone de la plaine qui est tonique.

3º La zone des collines qui est tonique et sédative.

Le Climat dans la Neurasthénie (Dr A. Mathieu).— L'auteur conseille déplacements et voyages : déplacements à la campagne pour les neurasthéniques de la ville qui ne peuvent user du voyage à longue portée ; voyages pour les autres, et dans ce cas, dissuader des bords de la mer les arthritiques francs ou ceux qui ont tendance à l'irritabilité nerveuse ; éloigner également des hautes altitudes ceux qui souffrent d'insomnie, de troubles cardiaques, de palpitations, d'arythmie avec pression artérielle insuffisante.

En dehors de ces conditions, la montagne est tout indiquée.

Comme les neurasthéniques sont généralement frileux, en raison de la grande excitabilité de leur système vaso-moteur, on les dirigera de préférence vers les climats chauds (Beard) (sud de la France, Algérie), de préférence aux climats tempérés.

HYGIÈNE

~~~~~~~~~

L'hygiène est le guide de la santé et l'art de prévenir les maladies. Son champ est immense, il prend l'homme à sa naissance et pendant toute sa vie, pénètre avec lui dans tous les détails de son existence.

L'hygiène détermine la manière dont on doit user des choses nécessaires, comment on peut modifier ou détruire les influences pernicieuses.

Il y a à considérer : *l'hygiène privée* ou individuelle et *l'hygiène publique* collective.

L'étude de *l'hygiène privée* nous fait connaître l'état de l'air, de l'eau, la température, la qualité des vêtements et des aliments, l'opportunité de l'usage des bains.

AIR

Il a déjà été dit que l'atmosphère de Nice était pure et salutaire. Soumis à telles causes d'altérations, que son renouvellement dans un endroit clos ne puisse se faire suffisamment, l'air est dit *confiné*. Dans les lieux habités, mal ventilés, les effets de la respiration et de la combustion du charbon ou du gaz, font subir à l'air une altération notable.

Dans ces conditions, il se charge d'acide carbonique et d'oxyde de carbone, deux gaz asphyxiants. Peclet a fixé à 6 m³ la quantité d'air à renouveler dans un endroit habité, par heure et par personne. Il est surtout vicié dans ses couches inférieures par suite de la forte densité de l'air impur.

De là provient l'oppression qui disparaît, quand l'on passe au grand air.

L'aérothérapie fait partie de l'hygiène thérapeutique ; d'où la nécessité de respirer un air pur.

L'air peut être infecté par des produits pathogènes, et être la cause déterminante d'un grand nombre de maladies.

L'on a trouvé que l'air de Paris contenait 6.280 germes par mètre cube. Le nombre de germes varie suivant les saisons et la direction des vents ; ainsi en été ils sont plus nombreux. L'air des appartements est surtout riche en germes le matin.

EAU

La ville de Nice possède une eau pour l'*alimentation*, dite *potable*, et une autre pour l'arrosage et le lavage des rues, égouts. Son débit est assez fort pour permettre de livrer à la consommation 1000 litres par jour et par habitant. Peu de villes peuvent en disposer d'autant.

L'eau d'alimentation est une eau de source. Or, on sait d'après les travaux de Pasteur et de ses élèves que les eaux de sources ne contiennent pas de microbes pathogènes. Cette eau de source dite de Ste-Thècle est complètement canalisée depuis le point où elle prend naissance ; elle est ainsi à l'abri des souillures de substances animales.

Nous avons fait l'analyse de l'eau d'alimentation de la ville de Nice, dont nous avons publié le résultat dans le *Nice-Médical*, n° 11 du mois d'août 1891.

Voici d'après nous sa composition :

Matières organiques	0 milligr. 312	expr. en oxygène.
Acide carbonique...	7 — 500	— —
Carb. de chaux.....	9 centigr. 600	— —
Autres sels de chaux.	6 — 800	— —
Sels de magnésie...	1 — 700	— —

Le Comité consultatif d'hygiène classe les eaux d'après leur teneur en matières organiques de la façon suivante :

Eau très pure = moins de 1 milligr. de matières organiques.

Eau potable = moins de 2 milligr. de matières organiques.

Eau suspecte contient de 3 à 4 milligr. de matières organiques.

Eau mauvaise contient plus de 4 milligr. de matières organiques.

Il résulte de ce tableau, que par sa teneur en matières organiques l'eau potable de Nice doit être classée parmi les *eaux très pures*.

Par les temps d'orage dans les montagnes, alors que son volume augmente, l'eau comprime de l'air dans les tuyaux, ce qui lui donne un aspect gazeux quand on la soutire.

FROID

Les malades doivent se garer du froid et prendre les précautions en conséquence. Ils devront regagner leur domicile avant le coucher du soleil ; alors en effet l'atmosphère se refroidit et la vapeur d'eau se condense. Se garantir du mistral qui est froid.

Pendant l'hiver, éviter de s'arrêter dans un endroit froid, et à l'ombre après avoir séjourné au soleil ; car l'on peut être surpris par la transition brusque de la température.

Le froid, surtout le froid humide, est la cause principale de plusieurs affections, notamment le rhumatisme. Le froid agissant brusquement sur le corps en sueur, détermine un refoulement du sang vers les parties centrales, souvent suivi d'un état inflammatoire (pneumonie, pleurésie, bronchite).

VÊTEMENTS

Les habillements de flanelle blanche ou de couleur claire conviennent le mieux. Le linge blanc a pour effet de conserver la chaleur de notre corps, parce qu'elle est réfléchie intérieurement par les parties du linge qui ne sont séparées de la peau que par une couche d'air. Les vêtements noirs sont en général nuisibles, car au soleil ils absorbent fortement la chaleur et à l'ombre ils émettent au contraire celle de notre corps.

En cas de transpiration, la flanelle absorbera la sueur et l'empêchera ainsi de refroidir la surface du corps.

Le jour, il est bon de porter des effets de demi-saison avec ou sans pardessus suivant le temps. Le soir on pourra se munir de vêtements plus chauds si on le juge nécessaire.

Les habillements devront être amples pour laisser au corps tous les aises. Ils doivent être appropriés au climat et à la saison. Il faut se couvrir d'autant moins que la température est plus douce et que l'on fait plus de mouvement. La mode ne doit pas exercer ses exigences pour le port des vêtements.

ALIMENTATION

L'alimentation doit varier suivant les climats ; le climat de Nice étant tonique et excitant, on devra autant que possible surveiller son régime. Celui-ci doit comporter moins de salaisons, de condiments et de spiritueux que dans les pays du Nord. Les rhumatisants devront s'en priver ; prendre le moins possible de café et manger moins que dans les pays froids ; la chaleur aidant, des difficultés de digestion surviennent, ce qu'ils doivent éviter.

Une bonne nourriture consiste dans des aliments simples et variés. Le régime animal est excitant et engendre les affections inflammatoires, le régime végétal est affaiblissant et prédispose à l'anémie. Un aliment parfait doit contenir des matières azotées (viande), des substances non azotées (légumes, féculents et matières sucrées) et des produits minéraux (chlorures, phosphates et carbonates).

BAINS DE MER

Après la mer Caspienne, la Méditerranée est la plus riche en chlorure de sodium (27 gr. 226 par litre), et en principes fixes (41,74 par litre). Les bains de mer à Nice sont par conséquent plus énergiques que ceux de toute autre station de l'Océan ou de la Manche. L'eau de mer y est un puissant agent hydrothérapique ; son action est encore augmentée lorsqu'on prend les bains dans la mer même, les vagues faisant fonctions de douches, massent le corps et contribuent à lui rendre sa vitalité affaiblie.

La température de l'eau de mer est, en hiver, comprise entre $+ 12^o$ et $+ 14^o$ centigrade et en été de $+ 18^o$ à $+ 24^o$ centigrade. Le minimum de température a lieu le matin avant 11 heures, le maximum de midi à 5 heures. La

température de l'eau est généralement en été de
5° environ au-dessous de celle de l'air ambiant.
La première impression en entrant dans la
mer, est une sensation de froid qui est d'autant
plus vive que l'on s'y plonge plus lentement.
Quelques instants après, il se fait une légère
réaction ; pour l'activer il est bon de faire le plus
d'exercice possible en nageant. Quelques minutes
après, suivant l'impressionnabilité du corps, le
visage pâlit, on grelotte, on a la chair de poule.
La réaction ne se ferait plus, il faut alors sortir
du bain.

On ne doit rester que peu d'instants dans l'eau.
Une fois habillé, se mettre au soleil ou marcher
rapidement, pour se réchauffer.

Effets des bains de mer. — Ce sont des effets
primitifs et consécutifs. Les premiers consistent
en un sentiment de froid, qui, suivant que le
baigneur est plus ou moins robuste, se dissipe
plus ou moins vite, ou peut aller jusqu'à la suf-
focation et le vertige. La natation les fait disparaître.

Les effets secondaires sont : lassitude du corps,
engourdissement et une excitation du système
nerveux, enfin la réaction recherchée.

Précautions à prendre. — Le moment favorable pour se baigner est de 10 h. à 5 h. ; ne pas
se baigner le soir après le coucher du soleil et le
matin au sortir du lit ; il est alors difficile
d'obtenir une réaction. Attendre 3 heures après

le repas ; entrer subitement ; ne pas sortir de
l'eau et y entrer à diverses reprises, de crainte
de s'affaiblir et d'empêcher la réaction.

Indications et contre-indications. — Les
bains trop froids sont interdits aux jeunes enfants, qui sont tous très impressionnables. Les
bains de mer ont une action excitante. Conseillés
dans les maladies lymphatiques et scrofuleuses
(enfants à partir de 5 ans et grandes personnes),
et dans toutes les affections dues au manque
d'activité (chlorose, etc.), excepté chez les vieillards. Ils ne sont nuisibles que dans certaines
maladies de cœur, d'irritabilité des nerfs et de
tempérament sanguin puissant. C'est un bon but
d'hygiène. Les bains de mer ont une importance
capitale.

Dans l'impossibilité de prendre des bains à la
mer même, soit à cause du froid ou de tout autre
motif, on pourra se baigner dans de l'eau de mer
chauffée, et à la baignoire ; ils sont un peu moins
actifs et cependant mieux supportés par les
malades atteints d'affections nerveuses ou rhumatisants.

BAINS D'EAU DE MER CHAUDS

L'eau de mer chaude en bains rend les plus
grands services aux enfants faibles non exci-
tables et aux personnes anémiques.

L'eau de mer chaude en bains doit être con-
seillée aux malades tuberculeux au 1er degré,

aux arthritiques et rhumatisants et chez les
neurasthéniques.

Les bains de mer chauds de 34 à 38° centigr.
sont très efficaces dans l'obésité et les affections
cardiaques.

HYGIÈNE PUBLIQUE

La ville de Nice reçoit tous les jours 13.600
mètres cubes d'eau de source et plus de 60.000
mètres cubes d'eau de rivière (Vésubie) pour les
usages urbains, notamment pour le lavage des
égouts.

A la suite du passage continuel d'eau dans les
égouts, les odeurs qu'ils dégageaient ont disparu.
Les deux collecteurs qui déversaient sur le bord
de la mer au milieu des graviers ont été prolon-
gés de 80 mètres au moyen de gros tubes en
fonte reposant au fond de la mer.

Les égouts possèdent des propulseurs automa-
tiques à chaque 300 mètres. Le réseau d'égouts
de la ville de Nice comprend la majeure partie
des rues. La moitié de ce réseau est ancien,
l'autre moitié a été construite pendant les dix
dernières années.

Les égouts neufs ont été exécutés avec radier
en forme de tuile et lissés au ciment de manière
à les rendre étanches, d'après les plans de
M. Bérard, ingénieur de la ville.

Une grande partie des égouts anciens a été
transformée et munie de nouveaux radiers afin
de leur procurer une bonne pente et un écoule-
ment rapide.

Tout le système des égouts a été canalisé
rationnellement, de manière à ce que ceux-ci
viennent converger dans les collecteurs principaux. Ces derniers servent en même temps
à drainer les eaux du sous-sol.

Le lavage des égouts qui aboutissent aux
collecteurs est assuré par des bassins de chasse
qui envoient une masse d'eau de 8 à 10 mètres
cubes chaque deux heures.

La quantité d'eau de rivière ne peut être toute
utilisée pour le service urbain et le nettoyage
des égouts, qui en utilise 20.000 mètres cubes.
Le reste est dirigé dans le Paillon pour l'assainir.

Les égouts ne sont employés pour le moment
qu'à l'évacuation des eaux de pluie, d'arrosage
et des eaux ménagères. Les vidanges ne sont pas
toutes déversées dans les égouts, mais recueillies
en beaucoup d'immeubles dans des fosses cimen-
tées et désinfectées. Les bouches d'égout ont été
transformées. Ce sont actuellement des syphons
hydrauliques, qui empêchent ainsi la communi-
cation directe des égouts avec l'air atmosphérique.

Bien que ces travaux soient une amélioration
importante, ils ne suffisent pas. On procède
graduellement, étant donné la dépense que cela

comporterait, de manière à avoir le tout à l'égout. On continue à construire des égouts dans les rues qui en étaient privées et dans celles que l'on ouvre.

Les nécessités modernes réclament pour les habitants et pour la salubrité publique une abondante quantité d'eau ; Nice comme on le voit remplit ces conditions.

Il serait désirable que l'on fit un grand égout collecteur ; projet réalisable. En effet, jusqu'au Magnan, la pente serait suffisante. A ce point une pompe élévatoire pourrait conduire le contenu des égouts jusqu'à l'embouchure du Var.

HABITATION

Le désir des hygiénistes est d'assurer le bénéfice de l'insolation des maisons et des rues. En hiver, en effet, les rayons lumineux pénètrent profondément dans les locaux et exercent leur action salutaire.

L'exposition au Nord doit être redoutée, parce qu'elle prive la maison de l'insolation et entretient par suite l'humidité. La maison doit être bien éclairée. La statistique médicale constate que dans les grandes villes la plupart des enfants atteints de maladies scrofuleuses sortent de logements insalubres, humides, mal aérés, mal éclairés et froids.

Il est bon de ne pas habiter une maison trop récemment construite. Une maison n'est habitable, sans danger pour la santé, que quand elle est construite au moins depuis un an révolu. Si la nécessité vous oblige à vous loger au rez-de-chaussée, il faut que ce soit celui d'une maison reposant sur une cave saine et voûtée.

Il faut assainir le sol et les murailles par appel de l'air de haut en bas. Donner aux fenêtres des dimensions plus grandes au Nord qu'au Sud ; protéger celles-ci de l'action aveuglante de la lumière directe.

Beaucoup de malades en venant à Nice manquent le but proposé, parce qu'ils s'installent au hasard, sans même prendre garde à l'orientation de la maison.

Le meilleur mode de chauffage de l'habitation est au moyen de calorifère à eau comprimée.

SANATORIA

Les pays dont le climat est rigoureux, pour ne pas envoyer leurs malades sur notre littoral, ont créé des sanatoria. Il en existe, en Allemagne, en Autriche et en Suisse, un grand nombre qui regorgent de malades.

Ces établissements sont loin de répondre à tous les désidérata d'hygiène, d'aérothérapie, d'installation et de climat.

Ce qui leur manque surtout c'est cet air pur et vivifiant, ensoleillé de notre littoral où le malade renaît à la santé rien qu'en vivant en plein air pour la plupart du temps. Les malades qui sont revenus à la santé dans notre pays sont légion, tandis qu'ils étaient voués à une mort certaine chez eux.

Nous ne voulons pas évidemment parler des tuberculeux au troisième degré et de tout autre malade qui succombent sur la Côte-d'Azur comme ailleurs.

Les vrais hygiénistes se trouveront mieux des résultats obtenus dans le pays du soleil que dans les pays nuageux, exposés aux vents froids du Nord et aux brouillards débilitants. Les phtisiques ne gagnent rien dans ces sanatoria où la température est inclémente, où l'air est impur et le climat variable.

Nous ne voulons pas non plus dire que notre climat est curateur, mais seulement plus favorable pour arriver à la guérison.

M. le professeur Huchard, dans une leçon faite à l'hôpital Necker, fait un chaleureux appel en faveur des stations d'hiver de la Côte-d'Azur qui offrent encore l'avantage de posséder des stations d'été telles que Saint-Martin-Vésubie, Berthemont, La Bollène, Touët-de-Beuil. L'on n'a pas ainsi besoin d'occasionner de longs et coûteux déplacements aux malades.

ÉTAT SANITAIRE

Nice a en moyenne 17 décès par 1.000 habitants ; cette proportion est inférieure à celle de la plupart des autres villes d'égale importance. C'est au printemps et en été que la mortalité augmente. Cela provient de ce que les gens du peuple se nourrissent très mal, mangent beaucoup d'aliments indigestes ; fruits, tomates, concombres, poivrons, etc. Avec cela ne suivent aucune mesure d'hygiène, habitent des maisons humides de la vieille ville où le soleil ne peut pénétrer.

La phthisie pulmonaire sévit peu sur la population indigène, surtout sur les pêcheurs et les paysans. A l'hôpital, les décès dus à la tuberculose sont dans la proportion de 3 %.

En 1897 la mortalité générale a été de 2.077, se décomposant ainsi :

```
De  0 à  1 an.........    340
    1 à 19 ans........    387
   20 à 39 ans........    336
   40 et au-dessus.... 1.014
```

La tuberculose figure pour 236 décès, y compris évidemment les malades étrangers à la ville, tuberculeux à leur arrivée.

HYGIÈNE EN GÉNÉRAL

Les principaux facteurs de l'hygiène en *tout pays* sont le médecin, le pharmacien, les médicaments, l'exercice et les bains.

ROLE DU MÉDECIN (1)

Le médecin n'a pas seulement pour but d'appliquer un remède connu à un cas déterminé, son rôle est beaucoup plus complexe et plus élevé. Il doit étudier les maladies, appliquer les moyens de les guérir ou de pallier leurs effets.

Après avoir reconnu ces maladies, déterminé leurs causes, leur intensité et tous les symptômes, le médecin doit aussi s'inquiéter du sujet, des conditions hygiéniques, du plus ou moins de ressources que présentent la constitution, le tempérament et l'âge de son malade.

Comme on le voit, nous sommes loin de ces consultations faites par correspondance, par des médecins plus ou moins spécialistes.

Guérir, soulager et consoler, tel est le rôle du médecin. Sa vie doit être toute de dévouement au détriment de son repos et de sa santé même. Il n'est pas toujours récompensé à son juste

(1) Une liste complète de tous les médecins qui exercent à Nice se trouve à la Pharmacie Anglo-Américaine, 2, rue de France.

mérite, car il ne reçoit souvent que de l'in-
gratitude.

ROLE DU PHARMACIEN

Le pharmacien est l'auxiliaire du médecin.
En ce qui le concerne, on ne saurait mieux faire
que de reproduire l'appréciation de M. le docteur
Armaingaud, l'éminent professeur, agrégé à la
Faculté de Médecine de Bordeaux :

« La santé publique est intéressée à ce que
« la profession de pharmacien soit exercée dans
« les meilleures conditions, à ce que le *pharma-*
« *cien soit un homme aussi instruit, aussi digne,*
« *aussi scrupuleux que possible.*

« Aussi, le client, s'attachant trop rarement
« à son pharmacien et le considérant comme un
« simple industriel, un petit marchand, un
« revendeur de drogues, le quitte dès qu'il
« apprend par les annonces qu'un autre phar-
« macièn offre ses produits à des prix moins
« élevés.

« ...Ce client risque souvent de perdre beau-
« coup plus en sécurité, en services rendus,
« qu'il ne gagne en bénéficiant de la différence
« de prix *(qui est toujours trompeuse).*

« On exige qu'il soit d'une assiduité constante
« et absolue, qu'il soit à la disposition du public
« jour et nuit.

. . . .

« Un homme dont la fonction est si indis-

« pensable, qui rend de pareils services, dont
« l'existence est si monotone, qui supporte le
« poids d'une pareille responsabilité ne doit pas
« être traité comme un simple épicier.

« ....Les dangers auxquels s'exposent les
« clients, en mettant si peu de discernement
« dans le choix de leur pharmacien, leur feront
« enfin comprendre *quelle différence il y a entre*
« *un bon et un mauvais pharmacien...* »

Les pharmaciens sont cause en partie de cet
état de choses, au lieu de considérer leur profession comme scientifique, certains ont com-
mercialisé la pharmacie, et en viennent à vendre
tout autre chose que des médicaments.

EXERCICE

L'exercice est une des meilleures provisions
de santé. En effet, l'exercice facilite la respiration, la circulation du sang, la digestion ; il
augmente l'énergie de toutes les fonctions. Il est
bon après chaque repas de faire une petite promenade à pied. L'exercice par la bicyclette est
recommandable, fait avec modération et à des
heures un peu éloignées des repas. Tout exercice
doit avoir des limites qu'il convient de ne pas
dépasser ; il faut, comme en toute chose, en user
sans en abuser.

Les exercices étaient en grande considération
chez les anciens, notamment à Sparte où ils
étaient régis par des lois.

De notre époque, ce sont les Anglais qui se livrent le plus à cette partie de l'hygiène.

UROSCOPIE

Toute personne soucieuse de sa santé doit avoir soin de faire analyser ses urines périodiquement.

Elle pourra ainsi se rendre compte de l'état de sa santé ; certaines maladies pourront être diagnostiquées plus facilement ; cela évitera des complications ultérieures et amènera parfois la guérison,

Si l'on examine des échantillons de la même urine émise à différents moments de la journée on s'aperçoit que leur composition est très différente et que la teneur en éléments normaux s'est ou abaissée ou élevée.

Prendre un échantillon au hasard et l'analyser serait s'exposer à des erreurs importantes.

Il est donc nécessaire d'établir les chiffres sur la masse totale des urines émises dans les vingt-quatre heures. A cet effet, le malade, à partir d'une heure quelconque de la journée, jetterait l'urine émise à cette heure, recueillerait les autres émissions, et le lendemain, à la même heure, urinerait et ajouterait le liquide au produit total.

Faire connaître le poids et l'âge du malade.

Les liquides mélangés dans des vases jaugés que la pharmacie tient gratuitement à la disposi-

tion de ses clients, seront alors envoyés à
l'analyse au laboratoire de la pharmacie Liotard,
2, rue de France, à Nice.

Nota. — Il est bon, pour la sûreté des résultats à énoncer, que le malade prévienne, à
l'occasion, s'il suit un traitement ioduré, phos-
phaté, arsenié ou autre (1).

Recherche du Bacille de la Tuberculose

Les travaux de Koch et de Pasteur ont démon-
tré que la phtisie, ou tuberculose, est due à
la présence, soit dans les tissus soit dans les
poumons, d'un bacille particulier qui ne peut
être confondu avec aucun autre et que l'on peut
mettre en évidence surtout dans les crachats.

Trouver ou *ne pas trouver* le bacille, indique
par conséquent que le malade est ou n'est
pas tuberculeux. Cette recherche devrait donc
être faite presque par toutes les personnes dont
la toux est un peu opiniâtre.

La pharmacie Liotard se charge de cette
recherche.

(1) Pour plus de détails voir *Traité d'Analyse des
Urines et autres sécrétions organiques* par
E. Liotard. Maloine, éditeur, place de l'Ecole de
Médecine, 21, Paris. (2ᵐᵉ édition, 1898).

POIDS DU CORPS

Il est bon, de temps en temps, de se rendre compte du poids que l'on a ; ce renseignement sera surtout utile aux malades qui pourront ainsi constater leur acheminement à la santé.

Rapports entre l'âge, le poids et la taille :

HOMMES		FEMMES	
MESURE	POIDS EN KIL.	MESURE	POIDS EN KIL.
1 57	57	1 46	44 1/2
1 595	60 1/2	1 49	46 1/2
1 620	63	1 52	48
1 645	64 1/2	1 54	50
1 668	65 1/2	1 57	51 1/2
1 694	67	1 59	55
1 710	70 1/2	1 63	58
1 746	73 1/2	1 65	62
1 770	76 1/2	1 67	63
1 796	79	1 69	67
1 825	80 1/2	1 71	71 1/2
1 850	85		

	ENFANTS	
AGE	POIDS EN KILOGRAMMES	
	GARÇONS	FILLES
5 ans	22 1/2	18
6 —	24 1/2	19 1/2
7 —	26	22
8 —	27	23 1/2
9 —	29 1/2	26
10 —	31 1/2	28
11 —	33	32
12 —	36	35
13 —	38	40 1/2
14 —	44	44 1/2
15 —	45	45 à 45 1/2

BAINS

Les bains se divisent en deux classes, les bains généraux et les bains partiels ou locaux, suivant que le corps y est plongé en entier ou en partie.

La température d'un bain doit être en moyenne de 35 à 37 degrés : il doit toujours être essayé avant d'y placer le malade, soit à l'aide d'un thermomètre, soit en y plongeant le bras jusqu'au coude. A la sortie du bain, il faut éviter avec le plus grand soin un brusque refroidissement.

Les bains en général ne doivent pas être pris dans les cas de fièvres, de rhumes, au moment des époques, etc., et l'on doit attendre que la digestion soit terminée (environ 3 heures).

Mêmes précautions pour les bains de siège.

Pour les bains de pied, qu'ils soient simples ou composés, on doit les préparer avec de l'eau tiède d'abord, puis élever la température peu à peu en ajoutant de l'eau chaude jusqu'au degré voulu. L'eau du bain doit baigner jusqu'au-dessus de la cheville.

Bains froids. — Ces bains sont ordinairement pris à la mer ou dans les rivières à eau courante.

Les exigences et précautions de ce genre de balnéation sont généralement connues : avant le bain, un peu d'exercice — immersion immédiate du corps tout entier, après s'être préalablement mouillé la tête — ne pas se tenir immobile — se retirer dès qu'on éprouve un frisson ou deux — s'essuyer et se revêtir promptement — enfin, faire une petite promenade.

Avant d'entrer dans l'eau, être bien sûr que le travail de la digestion soit complètement terminé. — On peut manger immédiatement après, ou prendre un cordial quelconque, vin ou liqueur.

Bain de Barèges. — Le bain de Barèges ou bain sulfureux se prépare en faisant dissoudre 125 gr. de sulfure de potasse dans l'eau du bain. Avoir soin de faire usage d'une baignoire spéciale en bois. Enlever tout objet argenté ou en argent avant d'entrer dans le bain.

Bain alcalin. — Le bain alcalin se prépare en faisant dissoudre 500 gr. de sous carbonate de soude (cristaux) dans le bain.

Bain aromatique. — On met 500 gr. de plantes aromatiques dans un linge que l'on plonge dans la baignoire et qu'on laisse jusqu'à la fin du bain.

Bain salé. — Il se prépare en versant 2 kilos de sel de cuisine dans le bain.

Bain sédatif de Raspail. — Verser dans le bain 20 gr. alcool camphré, 200 gr. ammoniaque, 500 gr. sel de cuisine.

Bain de pieds à la moutarde. — On mélange 125 gr. de farine de moutarde à de l'eau froide

ou à peine tiède, puis on ajoute de l'eau chaude
en quantité suffisante.

Ne pas mettre de vinaigre.

Le *Bain Turc,* ou bain d'air chaud, est le
bain hygiénique et de propreté par excellence.
Le bain turc provoque une abondante sudation.
Nice possède un Hammam, situé, 4, rue de la
Buffa ; le premier établissement de ce genre qui
ait été construit en France.

Bains de soleil. — Ces bains sont surtout
conseillés dans l'anémie. De même qu'une plante
privée de soleil, pâlit et s'étiole, a besoin des
rayons réchauffants de l'astre qui nous éclaire,
de même, une personne anémique y trouvera
un moyen thérapeutique, capable d'activer sa
circulation et augmenter les globules rouges du
sang. Avoir soin de préserver la tête des rayons
du soleil au moyen d'une ombrelle.

*Indications et contre-indications générales de
l'hydrothérapie* (de la Harpe). — Les indications principales sont : 1º paresse vaso-motrice
de la peau (individus à peau délicate, sensibles
au froid et ne répondant pas aux excitations du
froid lui-même) ; 2º neurasthénie, surmenage
cérébral, fatigue cérébrale, hypocondrie ; 3º
névroses, névralgies, paralysies, affections
médullaires (indications très spéciales qu'il
convient de connaître en raison de l'opportunité
et de l'individualité) ; 4º mal de Bright, diabète,
etc. ; 5º lésions utérines et des annexes ; 6º gas-

tropathies, constipation ; 7° anémie, faiblesse, débuts de la phtisie.

Contre-indications générales : anémie grave, affections cardiaques, affections des vaisseaux, maladies chroniques des poumons et des bronches ; périodes avancées du diabète et des néphrites interstitielles (*Gazette des Eaux*).

ALIMENTS

DIGESTION DES ALIMENTS

La table suivante indique le temps, en heures et en minutes, nécessaire à la digestion des différents aliments les plus en usage :

	h	m
Gâteau (babas)	2	30
Viandes hachées	2	30
Pommes de terre	2	30
Flan à la crème	2	50
Huîtres crues	2	55
Œufs à la coque	3	00
Beefsteack grillé	3	00
Mouton grillé et bouilli	3	00
Soupe aux pois bouillis	3	00
Soupe (bouillon de poule)	3	00
Mouton rôti	3	15
Porc salé cuit	3	15
Saumon salé bouilli	4	00
Veau frais grillé	4	30
Choux bouillis	4	30
Graisse de bœuf bouilli	5	30
Riz bouilli	1	00
Œufs brouillés	1	30
Truite fraîche, frite	1	30
Soupe, orge, bouillie	1	30
Pommes douces, crues	1	30
Tapioca bouilli	2	00

Pain, froment	3	15
Carotte bouillie	3	15
Saucisses grillées	3	20
Huîtres étuvées	3	30
Beurre	3	30
Fromage	3	30
Pain frais	3	00
Navets cuits	3	30
Pommes de terre bouillies	3	40
Œufs durs	3	30
Maïs cuit	3	45
Fèves et betteraves bouillies	3	45
Orge bouillie	2	00
Lait bouilli	2	00
Foie de bœuf grillé	2	00
Œufs frais, crus	2	00
Pommes douces, crues	2	00
Choucroute	2	00
Lait	2	15
Œufs cuits	2	15
Oie rôtie	2	15
Dinde rôtie	2	30

On ne peut se fier d'une manière absolue à cette table de digestibilité, chaque estomac ayant son autonomie, sa puissance de digestion propre, dans laquelle interviennent les goûts, les habitudes, les considérations d'âge, d'air, de travail, etc.

Il n'est pas rare de trouver des estomacs si capricieux qu'ils digèrent facilement aujourd'hui un aliment qui leur paraîtra demain d'une lourdeur insupportable.

Tout en tenant compte des généralités qui précèdent, chacun doit apprendre à connaître par *expérience* et non *a priori*, les aliments qui conviennent ou non à son tube digestif.

MÉDICAMENTS

Alcoolats. — Ce sont des préparations qui résultent de la distillation de l'alcool sur une ou plusieurs substances médicamenteuses.

Collyres. — Médicaments solides ou liquides destinés à agir sur les yeux.

Collutoire. — Médicaments demi-liquides, que l'on applique sur les gencives et les parois internes de la bouche.

Extraits. — Produits de l'évaporation jusqu'à consistance molle ou sèche d'une solution d'un corps dans l'eau, l'alcool ou l'éther.

Gargarismes. — Médicaments liquides employés pour les affections de la gorge et ne devant pas être avalés.

Liniments. — On nomme ainsi les préparations généralement liquides dont on se sert pour oindre ou frictionner la peau.

Onguents. — Ce sont des pommades composées de corps gras et de résines.

Teintures. — Médicaments liquides qui résultent de l'action de l'alcool sur diverses substances.

Tisanes. — Ces médicaments ont l'eau pour excipient et sont destinés à servir de boisson habituelle aux malades.

Acide borique. — Antiseptique très employé en solution de 4 et 2 % en gargarismes, lotions et collyres.

Acide phénique. — Employé dilué dans l'eau à 1 ou 2 % pour l'usage externe comme astringent, antiputride, désinfectant, contre les plaies, furoncles, etc.

Aloès. — A petites doses c'est un tonifiant, excite l'action de l'estomac ; à doses plus élevées, il agit comme purgatif.

Ammoniaque. — On le fait respirer dans les syncopes ; on s'en sert aussi pour cautériser les morsures et piqûres des animaux.

Antipyrine. — Employée contre la migraine, névralgies, fièvres, pneumonie, rhumatisme.

Bismuth (sous-nitrate). — Antidiarrhéique, antigastralgique à l'intérieur ; siccatif à l'extérieur en pommade et poudre.

Bicarbonate de soude (Sel de Vichy). — Digestif, employé contre les aigreurs de l'estomac, la goutte et la gravelle.

Bromure de potassium. — Très employé comme calmant du système nerveux y compris l'épilepsie.

Camphre. — A l'extérieur en poudre, pommade ; pour le pansement des plaies, les douleurs rhumatismales.

Chlorate de potasse. — Cristaux surtout

employés en solution contre les affections de la bouche et de la gorge.

Collodion. — Liquide qui, en s'évaporant, laisse un épiderme protecteur des surfaces excoriées.

Eau de mélisse. — Alcoolat stimulant, cordial ; quelques gouttes sur du sucre.

Eau sédative. — Remède populaire, employé en compresse sur le front contre la migraine et les congestions.

Ether rectifié. — Pris à l'intérieur à la dose de quelques gouttes sur du sucre, c'est un anti-spasmodique.

Huile de foie de morue. — Puissant réparateur ; donne de l'embonpoint ; prise aux repas, elle est plus facilement tolérée. Préconisée avec succès contre la prédisposition aux maladies de poitrine et aux enfants scrofuleux.

Huile de ricin. — Purgatif très employé ; dose : 15 grammes pour un enfant de 6 à 10 ans ; 20 grammes de 10 à 15 ans ; 30 grammes de 15 à 20 ans ; 45 grammes pour un adulte.

Ipéca. — Sous forme de sirop pour les jeunes gens ; en poudre pour les grandes personnes ; c'est un vomitif populaire.

Kola. — Tonique du cœur, aliment d'épargne permettant l'endurance à la fatigue, préconisé par M. le docteur professeur Heckel, sous forme de vin, granulé et pastilles comprimées.

Lanoline. — Corps gras qui remplace l'axonge et la vaseline pour adoucir la peau.

Lichen d'Islande. — Sa décoction est très employée comme tisane adoucissante et émolliente (rejeter la première eau qui est très amère).

Magnésie calcinée. — Pour une grande personne, 1 cuillère à soupe le matin est laxative, 2 cuillerées agissent comme purgatif (à prendre dans de l'eau.)

Menthol. — Sous forme de crayon, frotté sur le front il combat la migraine.

Quassia amara. — Copeaux blancs jaunâtres, macérés dans de l'eau, c'est un tonique, amer, excite l'appétit.

Quinquina. — Amer fébrifuge employé sous forme de vin, à prendre un verre à liqueur avant les repas.

Sinapismes. — Il faut tremper la feuille dans l'eau froide, l'y laisser une minute et l'appliquer sur la peau en l'y maintenant au moyen d'une serviette. On doit la laisser jusqu'à ce que la partie sur laquelle on veut agir soit bien rouge ; car le temps qu'elle met à produire son effet dépend de l'épiderme de la personne. Comme pour le bain sinapisé, n'ajouter à l'eau ni vinaigre, ni autre substance, qui n'auraient pour résultat que d'affaiblir l'effet du sinapisme.

Tisanes. — Les tisanes se font par infusion, décoction, digestion ou macération.

Les tisanes par *infusion* comprennent les plantes aromatiques, les fleurs, les feuilles, etc. On met ces substances au fond d'un vase, on y verse de l'eau bouillante et l'on recouvre bien. Au bout de 10 à 30 minutes, suivant la substance, on passe.

La tisane par *digestion* se fait en mettant les substances, pendant plusieurs heures, dans l'eau maintenue à une température de 70 à 80°. Il n'y a guère que la tisane de salsepareille qui se fasse par digestion ; on peut aussi la faire par infusion.

La tisane par *macération* se prépare en laissant la substance dans le liquide froid pendant un temps plus ou moins long, généralement douze heures.

La tisane par *décoction* se prépare en faisant bouillir pendant un temps variant de cinq à vingt minutes, selon la dureté des substances (1).

Vésicatoires Topiques. — Avant d'appliquer un vésicatoire ou un topique on lavera la place à l'eau tiède et on l'essuiera. On aura soin de raser les parties poilues. Le vésicatoire bien coché pour le faire coller en tous points sera chauffé légèrement, appliqué et maintenu par deux ou trois bandelettes de diachylum. Un linge en plusieurs doubles et du coton seront placés sur le

_____

(1) Il faut bien avoir soin de ne jamais faire des décoctions de certaines substances contenant du tannin, telle que le rathania, l'écorce de chêne, dans un vase en fer, il faut se servir d'un vase émaillé ou en terre vernissée.

tout. Le temps nécessaire pour que le vésicatoire fasse son effet est variable selon les personnes et est subordonné à la volonté du médecin.

Chez les enfants la durée de l'application est de 5 à 6 heures. Chez les grandes personnes elle est de 12 à 24 heures. Une fois l'ampoule formée on enlève doucement le vésicatoire pour ne pas entamer la peau que l'on perce avec des ciseaux, on laisse écouler le liquide et l'on panse chaque jour la plaie avec du diachylum ou de la toile de mai jusqu'à cicatrisation complète. Dans le cas où l'ampoule tarderait à se former, il suffirait d'un cataplasme pour la faire apparaître.

DOSES

Les doses des médicaments à administrer varient selon l'âge, le sexe, la force du malade. Les doses que nous indiquons sont celles qui conviennent pour les adultes de 20 à 60 ans, à moins que nous n'ayons indiqué en même temps celles qu'il faut donner aux autres âges. Il sera facile de calculer les doses qui conviendront dans tous les cas en se rapportant à la table suivante :

A 18 ans, il ne faut donner que 2/3 de la dose d'un adulte
A 14 ans,   —   —   1/2   —   —
A 7 ans,   —   —   1/3   —   —
A 4 ans,   —   —   1/4   —   —
A 3 ans,   —   —   1/6   —   —
A 2 ans,   —   —   1/8   —   —
Au dessus d'un an   —   1/12   —   —
A 1 an,   —   —   1/15   —   —

Au-delà de soixante ans, il faut également diminuer les doses.

L'auteur du présent ouvrage a calculé la dose de chaque médicament qu'il faut donner pour un kilog corporel. Il a donné le nom de *coefficient thérapeutique* à ce chiffre. Pour obtenir la quantité d'un médicament à donner à une personne, il suffira de multiplier le poids du corps par le coefficient thérapeutique.

Cette innovation a été très favorablement accueillie par la presse médicale.

Equivalents Thermométriques

Fahrenheit.	Centigrade	Réaumur.	Fahrenheit.	Centigrade.	Réaumur.
212	100	80	77	25	20
203	95	76	76	24.4	19.5
194	90	72	68	20	16
185	85	68	59	15	12
176	80	64	55	12.7	10.2
167	75	60	50	10	8
158	70	56	41	5	4
149	65	52	32	0	0
140	60	48	23	− 5	− 4
131	55	44	14	−10	− 8
122	50	40	5	−15	- 12
113	45	36	− 4	−20	−16
112	44.4	35.5	−13	−25	−20
104	40	32	−22	−30	−24
98	36.6	29.3	− 31	−35	−28
95	35	28	−40	−40	−32
86	30	24	−49	−45	− 6

GÉOLOGIE

~~~~~~

Il y a lieu de considérer sur le territoire de Nice le sol en plaine de la ville et celui des collines.

Toutes les terres végétales datent de l'époque actuelle, elles sont dues aux décompositions atmosphériques et aux transports par les eaux.

Pour donner un aperçu de la superposition des terrains, nous considèrerons une coupe dans les terrains *pliocène* et *quaternaire* de l'embouchure du Var au confluent de la Vésubie. Tous les terrains seront ainsi représentés.

Nous diviserons cet espace en 4 parties égales, en mentionnant les terrains par ordre en commençant par la surface du sol.

Premier quart : 1° Terrain actuel sédimentaire rouge ; 2° Travertin ; 3° Conglomérat ; 4° Calcaire jurassique.

Deuxième et troisième quarts : 1° Conglomérats ; 2° Marnes azurées ; 3° Calcaire jurassique.

Quatrième quart : Terrain exclusivement jurassique.

Les dépôts *pliocènes* les plus considérables se trouvent à l'embouchure du Var. Le sol est d'une époque postérieure au terrain *permien* et appartient à la fin de l'ère secondaire. Ces dépôts se sont effectués primitivement sous des eaux profondes et tranquilles. Dans la suite, le massif des Alpes a subi un exhaussement, de là l'inclination des couches du *pliocène*. Cette inclination varie de 10 à 30°.

Les terrains de la période *éocène* sont entièrement marins et composés uniquement de roches calcaires à nummulites.

Le terrain *crétacé* supérieur est uniquement représenté par des calcaires compacts disposés en bancs épais et séparés par des assises marneuses ; on y trouve des rudistes, des radiolites et des hippurites.

A la suite du plissement des Alpes, survenu après la période éocène, le massif de la Corniche s'est trouvé formé. Les petites baies qui s'y trouvaient ont été peu à peu comblées par des détritus que les torrents descendant des montagnes y accumulaient sous forme d'argile, de sable de conglomérats et de travertins.

Ces diverses couches sont très visibles dans toutes les vallées, soit de la Madeleine, les vallons de la Mantéga, de la Lanterne, Obscur, des Grottes de Ste-Hélène, etc.

A la fin de la période quaternaire, alors que
l'on trouvait dans les bois le rhinocéros, le
grand ours des cavernes, les hommes qui habitaient la côte des Alpes-Maritimes vivaient dans
des grottes des produits de la chasse et de la
pêche. Leur état de civilisation était assez avancé,
puisqu'ils savaient tailler le silex et l'os et utili-
ser les coquilles comme parure.

Sans doute à la suite de croisement avec d'autres races venant du Nord ou de l'Est, l'on
trouve plus tard un type différent. C'est l'homme
de l'époque de la terre polie (néolithique). La
plus ancienne migration connue est celle des
Ibères, puis vinrent les Ligures.

Le Château, primitivement isolé du continent,
y fut rattaché par les alluvions du Paillon, dont
le cours s'est modifié dans la suite.

Voici la composition du sol des divers endroits
de Nice et ses environs :

Montboron : Terrain jurassique :
Versant Ouest du Montboron : Poudingues et
      marnes ;
Mont-Chauve : Terrain crétacé ;
Quartier St-Roch : Alluvions modernes ;
St-André : Sol crétacé ;
Trinité : Poudingues ;
Falicon : Terrain crétacé ;
Château : Terrain jurassique ;
Centre de la ville : Alluvions modernes ;
Beaumettes : Terrain jurassique ;
Quartier de la Madeleine : }
      »   St-Philippe :   } Poudingues ;
Place d'Armes : Gypse ;
Le Var :   }
Littoral : } Alluvions.

Le Ray
St-Roman ⟩ Poudingues ;
Vallon Obscur

TERRAINS DILUVIENS

On désigne sous ce nom les dépôts limoneux et à cailloux roulés, entremêlés de sable et de gravier ; le tout reposant sur un sol raviné. Ces dépôts encore appelés d'*alluvions*, ne se sont pas formés dans des eaux tranquilles, mais dans des eaux courantes.

Ces grandes masses d'eau, qui ont creusé les vallées, provenaient de la fusion d'anciens glaciers.

En effet, par le fait du relèvement des continents, il se produisit un froid très intense sur la surface de la terre, à l'époque quaternaire ; il se forma de grands glaciers. Ces glaciers fondirent dans la suite et l'eau s'est précipitée dans la vallée. C'est à cette époque que l'homme apparaît pour la première fois.

A la suite d'une excavation faite pour mettre à jour un squelette dans le quartier Carabacel, voici les couches trouvées :

A la surface, terre végétale de 1 m. 25 de haut ;
Limon calcaire tuffacé de 2 mètres ;
Sable siliceux avec coquilles pliocènes ;
Au-dessous, des conglomérats.

Quartier St-Etienne. — Après un sondage qui y fut pratiqué on a constaté les couches suivantes en commençant par la surface :

1° — 3 mètres 50 de gravier sablonneux ;
2° — 4 mètres d'argile jaunâtre ;
3° — 1 mètre 20 d'argile noire plastique ;
4° — 0 mètre 80 sable argileux verdâtre ;
5° — 5 mètres 50 argile noire plastique ;
6° — 0 mètres 60 sable fin ébouleux ;
7° — 6 mètres 40 sable consistant ;
8° — 1 mètre poudingue à cailloux quartzeux ;
9° — 4 mètres 80 marne dure jaune verdâtre ;
10° — Sable poudingue à cailloux calcaires et dolomitiques.

BOTANIQUE

~~~~~~~

PLANTES MÉDICINALES

qui croissent dans le Territoire de Nice

ACHE, persil ou céleri des marais, *apium graveolens* (Ombellifères). Croît spontanément au bord des fossés, les fleurs sont d'un blanc verdâtre. **Diurétique.**

AIGREMOINE, *agrimonia eupatoria*, petite plante rosacée herbacée des bords des chemins et des près : fleurs jaunes en forme d'épi, croît de mai à août. **Astringent.**

ARUM *maculatum* var *italicum* (Aroïdées). Commun dans les lieux cultivés et à l'ombre ; vulgairement appelé pied de veau. Ses feuilles sont grandes d'un vert sombre ; la fleur blanc jaunâtre ressemble à un cornet. Le tubercule est un violent **purgatif.**

BARDANE. *Lappa major* (Synanth). Plante haute à grandes feuilles étalées cordiformes, vert foncé au-dessus, cotonneuses en dessous ; fleurs rouges violacées ; croît le long des chemins dans les terrains incultes. Sa racine est **sudorifique.**

BENOITE. Herbe de St. Benoît. *Geum urbanum* (rosacées), croît de juin à août, plutôt dans la région montagneuse, tige de 1 mètre, fleurs jaunes. Souche courte arrondie, violette intérieurement ; elle est **tonique.**

BOUILLON BLANC. Cierge de Notre-Dame, *verbascum thapsus* (personnées), grande plante à grandes feuilles blanchâtres cotonneuses. Croît de mai à août çà et là dans les lieux incultes. La fleur jaune fait partie des fleurs **pectorales.**

BOURRACHE. *Borrago offic.* Herbe à feuilles rugueuses oblongues, assez grandes ; fleurs d'un bleu violacé parfois roses. On la rencontre presque toute l'année dans les lieux cultivés. Les fleurs sont **sudorifiques.**

CAMOMILLE DES CHAMPS. *Anthemis arvensis* (synanth), croît d'avril en septembre, plante bisannuelle. Commune sur les bords des chemins et dans les champs de blé. Les fleurs sont des demi-fleurons blancs. C'est un **stomachique.**

CAPILLAIRE. *Adiantum capillus-veneris.* Plante que tout le monde connaît ; commune dans les

grottes humides et les vieux murs ombragés.
La plante a des propriétés **adoucissantes.**

CAROUBE. Fruit du *ceratonia siliqua* (Legu-
min.), arbre qui croît abondamment à Nice, que
l'on trouve dans les jardins, sur le quai Saint-
Jean-Baptiste et surtout au Mont-Boron. Le fruit
de cette légumineuse contient une pulpe **laxative rafraîchissante.**

CENTAURÉE (PETITE). *Erythrea centaurea*
(gentianées). Plante de 50 centimètres de haut ;
à feuilles oblongues, les radicales en rosettes ;
fleurs roses disposées en corymbes. Croît de
juillet en septembre dans les champs, les bois et
les prairies. **Tonique fébrifuge.**

CHÈVREFEUILLE. *Lonicera caprifolium* (capri-
fol). Plante grimpante ; fleurs terminales, en tête
sessile ; blanches rougeâtres, mêlées de jaune de
4 centimètres environ de longueur. Il croît de
mai en juin. Les fleurs sont **béchiques.**

DATURA STRAMONIUM. Feuilles longuement
pétiolées, sinuées-anguleuses. Corolle à tube long
en forme d'entonnoir, couleur blanche. Croît de
juillet en septembre dans les décombres. Plante
narcotique de la famille des *solanées.*

DOUCE-AMÈRE. La plante *solanum dulcamara*
a des feuilles ovales, tige ligneuse, sarmenteuse ;
fleurs violettes. Vient de juin en septembre dans
les haies, les bois humides, cultivée dans les
jardins. La tige est employée comme **dépuratif.**

FABIANE. Plante originaire du Chili *fabiana imbricata* (solanées), acclimatée à Nice, se trouve dans beaucoup de jardins. La plante qui est arborescente, a l'aspect d'une bruyère, fleurs tubuleuses. Employée contre les maladies de la vessie.

FENOUIL. *Fœniculum offic.* (ombellif.) Feuilles découpées en segments linéaires filiformes ; la tige est grêle et peut atteindre 1 mètre de haut, les fleurs sont jaunes. Toute la plante a un goût spécial douceâtre et aromatique ; elle est **carminative** et **diurétique.**

FIGUE. Fruit du figuier *ficus carica* (morées), qui, à proprement parler, est un réceptacle charnu. Sèches et bouillies elles donnent une tisane pectorale sucrée ; elles passent aussi pour **émollientes.**

FRAISIER. On emploie le rhizome qui est cylindrique du *fragaria Vesca* (rosacée), que l'on rencontre toute l'année à l'état sauvage ou cultivé. C'est un **diurétique.**

FUMETERRE. *Fumaria offic* (fumariacées). Petite plante grêle à feuilles très découpées comme celles du persil à peu près, fleurs purpurines en épis. Croit à peu près toute l'année dans les endroits cultivés ou sauvages. Bon **dépuratif.**

GAROU. *Daphne gnidium.* Plante pouvant atteindre un mètre, feuilles linéaires lancéolées ;

fleurs blanches groupées en panicule ; fleurit de juillet à septembre commun dans les bois de pin, les lieux incultes. L'écorce est **vésicante.**

GENIÈVRE. Fruit du *juniperus communis* (conifère). Feuilles petites linéaires en pointe épineuse, arbuste, fruit globuleux noirâtre, contenant une pulpe à saveur sucrée et balsamique. Ces fruits improprement appelées baies sont **diurétiques.**

GERMANDRÉE. *Teucrium chamædrys* (labiées). Vulgairement nommée petit chêne. Petite plante d'une vingtaine de centimètre de haut à **tige** grêle dressée ou rampante. Feuilles crenelées, luisantes en dessus. Fleurs assez développées, rosées. Pousse de mai à septembre, dans les lieux secs, les murs des champs. C'est un **tonique.**

GLOBULAIRE. *Globularia Alypum* (globulariées). Petit arbrisseau. à feuilles oblongues, tige ligneuse rameuse dressée ; fleurs d'un beau bleu en petits capitules denses. On la rencontre toute l'année, surtout l'hiver ; dans les lieux arides et pierreux. Utilisée contre la goutte et le **rhumatisme.**

GRENADIER. Cultivé dans beaucoup de jardins ; tout le monde connaît cet arbre avec ses grosses fleurs rouges et ses fruits globuleux à graines succulentes. L'écorce de tige et de racine sont **tœnifuges** sous forme de décoction. L'arbre est le *punica granatum.*

GUIMAUVE. *Althea officin* (malvacées). Feuilles blanches cotonneuses, arbre d'un mètre et plus ; fleurs d'un blanc rosé développées. Fleurit de juin à juillet. Vient dans les endroits humides, au Var notamment. Toute la plante est **émolliente**.

HOUBLON. *Humulus lupulus* (hulmacées). Plante grimpante des haies, à feuilles palmées à peu près comme celles de la vigne ; tige sarmenteuse de 3 à 4 mètres de longueur. Les fleurs mâles sont en grappes rameuses ; les fleurs femelles sont en chatons ovoïdes ou cônes, ces dernières sont seules employées. Fleurit de juillet en août. **Tonique.**

HYPERICUM. Mille pertuis, ainsi nommé à cause de nombreux points transparents de la feuille. Tige de 60 centimètres environ. Fleurs jaunes disposées en corymbe lache ; actuellement la plante est peu employée. **Vulnéraire**. Vient à peu près partout sur le littoral.

JUJUBES. Fruits du *zizyphus sativa* (rhamnées). La moitié du volume d'une datte, enveloppe extérieure rouge jaunâtre. Saveur sucrée et mucilagineuse. Ce fruit possède un noyau dur ; il fait partie des fruits **pectoraux**. La plante est cultivée, ne vient pas spontanément.

JUSQUIAME BLANCHE. *Hyosciamus albus* (solanées). Plante herbacée velue, feuilles grandes ; fleurs jaune pâle veinées de pourpre, odeur vireuse de tabac ; croît dans les fossés et dans les lieux incultes. Les feuilles et les graines sont **narcotiques.**

LAVENDULA STŒCHAS. Lavande à toupet (labiées). Feuilles blanches cotonneuses linéaires, fleurs d'un pourpre noir en épi dense, oblong, surmonté de grandes bractées violettes. Fleurit presque toute l'année ; commun dans les lieux arides. **Antihœmopthysique.**

LAURIER-CERISE. Petit arbre cultivé, originaire de l'Asie Mineure. Feuilles grandes ovales lanceolées, coriaces, luisantes en dessus ; fleurs blanches en longues grappes ; fruit ayant l'aspect d'une petite cerise. Froissées les feuilles dégagent une odeur d'amandes amères. Plante vénéneuse **névrotropique.**

LAURIER-ROSE. *Nerium oleander* (apocynées). Arbrisseau cultivé que l'on trouve dans tous les jardins et promenades. Feuilles lancéolées, entières ; fleurs roses, rarement blanches, aussi grosse qu'une rose ordinaire. Fleurit en juin et juillet. La plante est vénéneuse, c'est un **cardiaque.**

LAVANDE COMMUNE (*lavandula vera*, labiée). Plante à tige grêle carrée ; feuilles linéaires blanchâtres ; fleurs bleues petites à épi lache allongé, fleurit pendant l'été. Elle est cultivée et pousse à l'état sauvage dans les endroits arides. Odeur forte aromatique camphrée. **Stimulant aromatique.**

LIERRE TERRESTRE. *Glechoma hederacéa* (labiées). Petite plante rampante des prés et haies humides. Feuilles à forme de rein, crénelées ; fleurs roses violacées axillaires ; croît en avril et mai. Employée en infusions **pectorales.**

MARRUBE BLANC. *Mar. vulgare* (labiées). Plante cotonneuse blanchâtre qui croît abondamment le long des routes. Feuilles rugueuses, ovales-orbiculaires ; fleurs blanches, petites, en glomérules formant un long épi interrompu. Se rencontre durant tout l'été ; **stimulant** qui n'est presque jamais employé.

MAUVE. Il croît à Nice 17 variétés de mauves, depuis la plus humble, celle des prés, jusqu'à la *mauve arbre* qui peut atteindre jusqu'à 3 mètres. Possèdent toutes les mêmes propriétés **mucilagineuses** qui les font employer en tisanes et lavements.

MÉLILOT. *Mel. officinalis* ou *arvensis* (Légumin.). Plante pouvant atteindre 75 cent., tiges et feuilles délicates, à fleurs jaunes en grappes ; fruit ovale rugueux. Fleurit pendant l'été çà et là dans les moissons, les prés et au bord des rivières. Sèche elle acquiert une odeur de benjoin ; employée en infusions **pectorales.**

MÉLISSE OFFIC. *Mélissa off.* (Labiées). Plante à tige carrée, à feuilles pétiolées ovales, crénelées. Glomérules axillaires, multiflores à pédoncules rameux plus courts que la feuille ; fleurs jaunâtres puis blanches. Juin-Septembre au bord des chemins. **Stimulant.**

Menthe. Il y a à Nice trois variétés de menthe : la m. *rotundifolia, aquatica, pulegium.* La menthe *poivrée* est cultivée surtout dans l'arrondissement de Grasse pour en retirer l'essence. La rotundifolia a ses feuilles sans pétiole, rugueuses et cotonneuses en dessous. La *pulegium* a ses feuilles petites pétiolées. **Excitant.**

Mercuriale. *Mercurialis annua* (Euphorbiacée). Plante très commune dans les champs ; à feuilles ovales-lancéolées, tige rameuse, plante dioïque, à fleurs mâles en épis, les femelles sont presque sessiles Cette plante croît toute l'année. son action est **purgative.**

Morelle. *Solanum nigrum.* Plante herbacée trés répandue dans les champs ; feuilles d'un vert foncé ovales à odeur désagréable. Les fruits à maturité sont de petites baies noires ; fleurs blanchâtres. **Narcotique.**

Muguet. Se trouve dans tous les jardins. Le *convallaria maialis* (asparagin) est une jolie plante printanière. Possède deux ou trois feuilles d'entre lesquelles sort une petite hampe portant une dizaine de fleurs blanches en clochette à odeur fine. Vient spontanément dans les régions de la montagne. C'est un **cardiaque.**

Pariétaire. *Parietaria offic.* (Urticées). Plante herbacée des murailles, tiges rameuses dressées rougeâtres poilues. Feuilles alternes, pétiolées allongées ; les fleurs sont petites, verdâtres, agglomérées en petits paquets axillaires. Cette plante croit toute l'année, sur les vieux murs, les rochers ; c'est un **diurétique.**

PATIENCE. *Rumex patientia* ou R. *Obtusifolius* (polygonées). Feuilles de la racine grandes, ovales cordiformes. Fleurs verdâtres, rouges à la base ; disposées en verticilles denses et nus. On emploie sa racine grosse comme le pouce et longue de 0 m. 30 environ. On la désigne vulgairement sous le nom de rhubarbe sauvage. **Laxatif.**

PÉCHER. *Prunus persica* (rosacées). Arbre cultivé pour son fruit. Feuilles lancéolées ; fleurs rosées groupées ensemble. Les fleurs sont seules employées ; distillées elles donnent de l'acide cyanydrique et de l'essence d'amandes amères. Les fleurs fraiches donnent un suc avec lequel on fait un sirop **laxatif.**

PENSÉE SAUVAGE. *Viola tricolor arvensis* (violariées). Sorte de violette blanche que l'on rencontre dans les champs. Feuilles ovales ou oblongues, crénelées ; la plante n'est pas plus grosse que celle de la violette. Les fleurs seules sont usitées comme **dépuratif.**

PERVENCHES. *Vinca major et minor* (apocynées). Plantes des bois et des haies ; feuilles elliptiques, pédoncules longs ; tige rampante. Fleurs bleues en forme d'entonnoir ; croit au printemps. Les feuilles contiennent du tannin, ce qui les fait employer comme **astringent-antidysentérique.**

PISSENLIT. *Taraxacum dens-léonis* (Synanthérées). Plante commune des prés, à suc laiteux, fleurs jaunes. Les feuilles se mangent en salade; la racine est laxative et **diurétique.** Les Anglais font un usage fréquent du suc de la racine.

PLANTAINS. *Plantago* (Plantaginées). Il en existe 14 variétés qui viennent dans le territoire de Nice, dans les prés, notamment au Var à l'humidité. Tout le monde connaît cette plante sans qu'il soit nécessaire d'en donner la description. La plante est **astringente.** On en fait une eau distillée employée en collyre.

RICIN. *Ricinus communis* (Euphorb.). Arbrisseau originaire de l'Inde que l'on trouve dans beaucoup de jardins. Feuilles grandes palmées; fleurs disposées en épis rameux. Les fruits sont une sorte de noix ovoïde hérissée de piquants à trois coques. Les semences sont grosses comme des haricots. Ne pas en manger car elles purgent très violemment, grâce à un principe très actif qui se trouve sous l'enveloppe.

ROMARIN. *Rosmarinus off.* (Labiées). Feuilles linéaires, longues de 3 centim. environ, persistantes blanchâtres en dessous. Fleurs d'un bleu pâle odorantes. Pousse toute l'année dans les endroits stériles. On en retire une essence.

SALSEPAREILLE INDIGÈNE. *Smilax aspera* (Asparaginées). Les habitants de Nice l'emploient comme **dépuratif.** Plante à feuilles cordées, pétiolées, coriaces, épineuses, fleurs en grappes jaunâtres ; tige grêle rampante, fruit rouge comme celui de la groseille. Commune dans les buissons et les sentiers pierreux de toute la région littorale.

SANTOLINE. *S. Chamœcyparissus* (Synanthérées). Plante à feuilles blanchâtres, linéaires-cylindriques, bordées de 4 à 6 rangées de dents cylindriques obtuses ; plante aromatique un peu ligneuse de 50 centim. de haut, fleurs jaunes. Juillet, août. Est considérée comme **anthelminthique.**

SAPONAIRE. *Saponaria offic.* (Dianthées). Plante de 50 centim. de haut, à tige articulée, à feuilles opposées, entières lancéolées ; fleurs assez grandes, en panicule compacte de couleur rose pâle ; fleurit de juin à juillet, çà et là au bord des champs et des fossés. C'est un **dépuratif** populaire.

SAUGE. *Salvia offic.* (Labiées), Plante à feuilles lancéolées blanchâtres, rugueuses, d'une odeur camphrée pénétrante. Fleurs violacées-bleuâtres. Il y en a de nombreuses variétés. Employée en infusions comme **stomachique.**

SCABIEUSE. *Scabiosa arvensis* (Dipsacées). Herbe à feuilles opposées et à fleurs en capitules violettes-lilas. Croît pendant tout l'été dans les prairies et au bord des bois. Employée en tisane contre les maladies de la peau, notamment la gale.

SCILLE. *Scilla maritima* (Liliacées). On emploie la bulbe ou oignon de cette plante. Feuilles linéaires, hampe de 1 mètre et plus. Fleurs en grappes très longues, blanches. Le bulbe est à tunique de 15 centim. de diamètre. Croît spontanément sur le littoral ; fleurit en septembre. Plante dangereuse ; puissant **diurétique.**

SCHINUS-MOLLE (Térébinthacée). Arbre des jardins et promenades, atteignant une grande hauteur (Jardin-Public). Vulgairement connu sous le nom de faux-poivrier. Feuilles lancéolées petites, fleurs blanchâtres en grappes. Fruit rouge à enveloppe externe cassante ; noyau dur. Toute la plante exhale une odeur de poivre. Mêmes usages que le poivre de Cubèbe (1) Nous en avons retiré une essence.

SCOLOPENDRE (Fougères). Connue sous le nom de langue de cerf ; variété de fougère des murs humides. Ce sont de longues feuilles vertes, qui ont sur une face les spores groupés en lignes parallèles jaunâtres. Petiole velu, ayant à la base deux oreilles obtuses un peu contournées en dedans. C'est un **laxatif.**

---

(1) Voir Schinus Molle in *Manuel de pharmacologie clinique* par E. LIOTARD. 370 pag., relié, Société d'Éditions Scientifiques, 4, rue Antoine-Dubois, Paris.

SCROFULAIRE AQUATIQUE. Plante pouvant atteindre 1 mètre de haut, tige carrée ; feuilles cordées à pétiole bifolié. Fleurs en panicule terminale, d'un pourpre brun. Pousse pendant tout l'été, au bord des ruisseaux et dans les lieux humides. **Vulnéraire.**

SÉNEÇON. *Senecio vulgaris* (Synanthérées). Herbe aux canaris, très commune dans les champs. Feuilles découpées ; plante de 30 centim. de haut herbacée, à fleurs jaunes. Pousse toute l'année ; a été préconisée contre les convulsions hystériques.

TUSSILAGE. *Tussilago forfara* (Synanthée). Plante des endroits humides, dont les fleurs jaunes poussent au printemps avant les feuilles. Celles-ci sont vert pâle en dessus, cotonneuses en dessous ; grandes, légèrement cordées et dentées. La fleur est **pectorale.**

FLEURS POUR LA PARFUMERIE

CASSIER. *Acacia farnesiana* (légumineuse). Cette plante tire son origine de St-Domingue, c'est une variété de mimosée. Arbrisseau très rameux, tortueux, couvert d'épines, feuilles composées à petites folioles. Les fleurs sont jaunes, globuleuses atteignant à leur complet épanouissement un diamètre d'un centimètre et demi.

On ramasse les fleurs qui ont une odeur suave à partir de fin septembre jusqu'au commencement de décembre.

Les gousses réunies sont demi-cylindriques de 6 à 8 centimètres de long, renferment des graines ovales, dures et plates. Cette plante craint assez le froid.

Il existe une autre variété à fleur moins odorante et dont la plante devient même un véritable arbre c'est l'*acacia semperflorens*, celui-ci donne par contre deux récoltes par an. Cette variété ne produit pas de graines et sa multiplication se fait par marcotage ; résiste davantage aux intempéries, à cause de ce fait on greffe son plant avec la première variété.

GÉRANIUM *roseum* (géraniacées). La plante est originaire de l'Afrique Australe. Feuilles simples palmées, crépues ; le végétal est un arbrisseau en forme de touffes. Toute la plante est aromatique, surtout les fleurs qui sont de couleur rose foncé et disposées en forme d'ombelle.

L'essence de géranium se rapproche par son odeur de celle de la rose, aussi sert-elle à falsifier cette dernière. Elle est cependant moins suave que celle de rose.

HÉLIOTROPE DU PÉROU. *Héliotropum péruvianum* (borraginée). Plante grimpante des jardins d'ornement. Les fleurs sont bleu pâles et viennent toute l'année. Elles sont agglomérées en une inflorescence compacte.

La fleur répand une odeur légère de vanille. La feuille d'un vert pâle est cotonneuse et à parenchyme ondulé.

JASMIN. *Jasminum grandiflorum* (oléacées). Son lieu d'origine est l'Inde. Plante sarmenteuse pouvant atteindre jusqu'à 2 mètres de long. Feuilles composées à folioles lancéolées. Fleurs blanches, disposées en panicules laches ; d'un parfum très agréable. Ces fleurs sont nuancées de rouge à l'extérieure ; elles viennent au mois de juillet.

Le parfum en est extrait au moyen de l'axonge sous forme de pommade que l'on traite ensuite par l'alcool, pour obtenir l'extrait.

C'est surtout dans l'arrondissement de Grasse que l'on cultive le jasmin.

LAVANDE. Voir paragraphe *Plantes médicinales*.

MÉLISSE. Voir paragraphe *Plantes médicinales*.

ROSES. Les trois variétés les plus employées pour la parfumerie sont : la *rose centifolia*, *rose damascena*, *rose moschata*. On en retire par la distillation une essence qui est concrète et une eau distillée.

ROMARIN. Voir au paragraphe *Plantes médicinales*.

Sauge Voir au paragraphe *Plantes médicinales*.

Violette. Deux variétés servent à la parfumerie; ce sont la violette commune et celle de Parme ou violette double bleu tendre, blanchâtre au centre.

PLANTES A FRUITS EXOTIQUES
(Comestibles)

Diospyros Kakis. Encore nommés *plaqueminier* de la famille des ébénacées. Feuilles grandes, vertes, caduques en automne. Le végétal est un arbre originaire du Japon. Le fruit, de la grosseur d'une mandarine, est mou, pulpeux, très sucré ; on le nomme vulgairement abricot du Japon. Sa peau est lisse comme celle d'une tomate, sa couleur est jaune rougeâtre. Prospèrent dans les endroits les plus froids et les plus humides, notamment au Var.

Néflier du Japon. *Eriobotrya Japonica*, encore nommé *bibassier*, de la famille des pomacées. Arbre toujours vert ; feuilles grandes, dures, d'un beau vert luisant à la partie supérieure, vert blanchâtre à l'inférieure. Ses fleurs sont blanches et groupées autour de l'extrémité du rameau. Les fleurs apparaissent en novembre et les fruits commencent à mûrir vers le

15 avril. C'est le premier fruit qui apparaît sur le marché. Ces fruits sont de la grosseur d'une prune de couleur jaune doré ; pulpe légèrement acidulée à la maturité. Les pépins sont très gros et occupent une grande partie du fruit. L'arbre croît naturellement dans tous les terrains.

BANANIER. *Musa paradisiaca*, originaire de l'Inde. Vient dans les endroits abrités et exposés en plein midi. Ces fruits sont longs, cylindriques, légèrement anguleux. A maturité, ce fruit est jaune ; il a une enveloppe assez épaisse qui se détache de la pulpe. Celle ci est sucrée, ayant une saveur tenant le milieu entre l'anana et la noisette. Les fruits sont disposés en régime. La plante est connaissable par ses énormes feuilles, qui peuvent atteindre 1 mètre de long et 0.40 de large.

DATTIER. *Phœnix dactylifera* (palmier). Les fruits ne murissent pas complètement ; la graine cependant produit le végétal par ensemensement. En Algérie, ce n'est qu'après l'Atlas que les dattes mûrissent. Tout le monde connaît ce fruit sans qu'il soit nécessaire de le décrire, ainsi que le végétal. Ce dernier vient dans tous les terrains ; il aime beaucoup l'eau.

PROMENADES

~~~~~~~~~~

Promenade des Anglais

Il n'existe nulle part une promenade aux horizons plus grandioses. C'est un des points qui fascine l'œil du voyageur, de l'artiste et du malade. Elle a à peu près 4 kilomètres de longueur sur 27 mètres de large. Bordée à sa gauche par la mer et à sa droite par une rangée de villas et d'hôtels.

C'est le rendez-vous des étrangers malades ou non ; c'est l'endroit où l'on vient se promener et se réchauffer par les belles journées ensoleillées. Cette promenade célèbre a été créée en 1823. Elle doit son nom à la colonie anglaise qui la fit établir pour donner du travail à la population pauvre.

Les principaux hôtels de Nice et les établissements pour bains de mer les plus confortables se trouvent sur cette promenade.

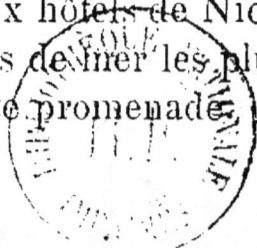

Primitivement étroite, la promenade fut élargie en 1862. Au-delà du Magnan, le trottoir est transformé en allée pour les cavaliers.

Un des spectacles qui mérite d'être vu, c'est d'assister au tirage des filets par les pêcheurs à jambes et pieds nus ayant pour la plupart le bonnet de laine rouge grec.

L'été vers 5 heures du soir, la plage prend de l'animation ; c'est le moment des bains de mer et de la promenade.

Croix-de-Marbre

La place Croix-de-Marbre se trouve au commencement de la rue de France ; est ornée d'une croix de style gothique érigée en 1568, en souvenir de l'entrevue, en 1538, de Charles Quint et François Ier sur l'intervention du pape Paul III.

C'est à cet endroit même que s'est agenouillé le pape au moment de son débarquement. La croix fut renversée en 1796 et relevée en 1810.

Faisant face à la croix, se trouve une colonne en marbre, d'ordre corinthien, commémorative de la visite du pape Pie VII en 1809 et 1814 lors de son retour à Rome. Cette dernière colonne date de 1823.

Quelques mètres en avant a été construite l'église anglaise de la Trinité (1824), qui comprend trois corps de bâtiment et un jardin. C'est là que la colonie anglaise se donne rendez-vous pour la célébration de son culte.

Ce quartier a été le premier fréquenté par les étrangers. Il a toujours été le centre cosmopolite de Nice et donné asile aux visiteurs les plus marquants de l'Europe. Parmi ces derniers, l'on peut citer : la princesse Pauline, sœur de Napoléon Ier, la reine Marie-Christine du Piémont, le grand-duc Michel de Russie, le prince de Wurtemberg, l'impératrice de Russie, le roi de Bavière, etc.

C'était primitivement un faubourg entouré de jardins d'orangers ; c'est actuellement le centre de la ville. Le Jardin-Public se trouve dans son périmètre.

Le Château

Cette ravissante promenade donne à tout étranger une idée complète de la topographie de Nice.

Toute la végétation du tropique et celle du Nord s'y sont donné rendez-vous.

De la plate-forme (96 mètres) on jouit d'un splendide coup d'œil. Quelques débris d'épaisses murailles noyées dans la verdure rappellent seuls que ce lieu charmant a été pendant des siècles le théâtre de luttes sanglantes.

Le Château doit être le but d'une des premières promenades, car en quelques minutes l'on se rend compte de la topographie générale de la ville.

Cette citadelle fut rasée par le duc de Bervick

en 1706. Des quatre tours de l'enceinte, il ne reste plus que celle du Sud-Ouest dite tour *Bellanda*. Le château fut débarrassé de ses décombres en 1822 et transformé en promenade. Cette forteresse datait du Vme siècle.

Sur la première plate-forme se trouvent les ruines d'un ancien temple ; un sarcophage et un puits creusé dans le roc d'une profondeur de 50 mètres.

Sur le versant qui regarde vers l'Ouest, est une cascade monumentale alimentée par les eaux de la Vésubie.

Un peu plus à droite se trouve le cimetière, renfermant les restes de Gambetta et ceux de la femme et de la mère de Garibaldi.

L'église qui avait été érigée sur le plateau était primitivement cathédrale ; elle devint paroisse en 1518. A cette époque la cathédrale fut transférée à Sainte-Réparate qui est encore la cathédrale actuelle.

Observatoire

Par le nombre et la variété des instruments, par leur puissance et leur perfection, cet observatoire peut rivaliser avec les plus grands établissements astronomiques. Sa superficie est de 40 hectares.

Il comprend 15 pavillons isolés les uns des autres, ayant chacun sa destination spéciale. Ce sont : ceux du grand équatorial, la grande méridienne, la petite méridienne, le petit équatorial, le pavillon de spectroscopie, le pavillon de physique, le pavillon magnétique.

La partie la plus intéressante est le grand équatorial, avec la fameuse coupole Eiffel. Cette coupole est une demi-sphère en acier du poids de 95.000 kilog., de 24 mètres de diamètre; elle repose sur un flotteur annulaire qui plonge dans l'eau. La coupole se meut par le moyen d'un treuil. Ce dôme possède une fente pour permettre les observations. La lunette de 18 mètres de long est pourvue d'un objectif de 0 m. 76 de diamètre. Sa puissance grossissante est de 2.500. C'est actuellement la plus puissante lunette équatoriale du monde.

De l'Observatoire la vue embrasse la vallée du Paillon que dominent les Alpes s'étageant au fond en plusieurs plans. On peut retourner, en prenant sa droite, par Villefranche, d'où le coup d'œil est aussi ravissant.

Jardin Zoologique

C'est le premier établissement de la banlieue que l'on doit visiter. Il se trouve à 1 kilomètre des Arènes, situé sur un des points les plus pittoresques de l'admirable coteau de Cimiez, vis-à-vis l'Observatoire, avec une belle vue sur la vallée du Paillon et sur Nice.

Il y a là des spécimens superbes de lions, tigres, panthères, ours, singes, hyènes, oiseaux

de proie et une volière renfermant de nombreuses variétés d'oiseaux.

Tous ces animaux s'acclimatent facilement
sous le ciel clément de Nice. La collection
zoologique, déjà remarquable, s'accroît toutes
les années par la naissance de nouveaux pen-
sionnaires. Cela suffirait à assurer le succès de
cet établissement, indépendamment des autres
attraits que l'on y trouve.

Gairaut

Quartier au-dessus de St-Maurice, sur la colline. Gairaut doit provenir du niçois *gaïre aut*
(guère haut). La Compagnie des Eaux y a une
magnifique cascade avec un beau jardin. De là
l'on peut jouir d'un panorama splendide. L'église
possède un tableau de Vanloo.

Cette promenade doit être faite en voiture, car
elle est assez longue et surtout en montée.

Falicon

Hameau à 10 kilom. de Nice, possède 405
habitants ; il s'élève sur un mamelon. Panorama
intéressant à voir. Sa fondation est probablement
antérieure à la venue des Romains.

Anciennement entouré de murailles, avec
porte à pont-levis. Sur la place l'on voit un
olivier, dit de la garde, où se tenait une vigie
pour donner l'alarme en cas de danger.

Comme curiosité l'on trouve la grotte aux

chauves-souris, composée de trois salles assez grandes avec stalactites. Les sources du Temple au Ray partiraient de ce point.

L'église date de 1621 ; de la terrasse, belle vue sur les Alpes et la vallée du Paillon.

Falicon a une campagne très fertile. Au quartier de *La Torre* se trouve une plate-forme avec les restes d'un ancien temple. Falicon fut incendié par les Lombards.

Aspremont

Petit village de 615 habitants, sur un mamelon après Gairaut, à 530 mètres d'altitude. Belle campagne, plantée de vignes et oliviers. Se trouve à 13 kilomètres de Nice. Possède un château ancien.

Villefranche

Petite ville à 7 kilomètres de Nice ; rade de guerre sûre et très fréquentée par les flottes aussi bien françaises qu'étrangères. La ville est étagée, au fond de cette rade, en amphithéâtre.

Villefranche fut construite sur les ordres du roi de Sicile, Charles II, en 1295. La darse date d'Emmanuel-Philibert.

Villefranche a près de 5.000 habitants.

Sur la route de Villefranche (nouvelle ou basse Corniche), l'on a à sa droite la mer et derrière soi la ville de Nice. Puis apparaît la rade de Villefranche avec la pointe du Cap Ferrat.

La vieille ville avec ses rues étroites à escaliers est de pauvre apparence. Sur la route de Beaulieu-Monaco s'échelonnent de nombreuses et jolies villas.

L'église est d'architecture italienne et n'offre rien de remarquable. Les Romains appelaient Villefranche *Port d'Hercule.* La ville fut en partie détruite par les Sarrazins.

Vallon Obscur

Ce n'est pas à proprement parler un vallon mais une fissure étroite de 2 ou 3 mètres qui, formant une brèche dans la colline, s'étend sur une longueur de 800 mètres environ. Les parois perpendiculaires sont élevés parfois à 30 mètres. La lumière du soleil ne pénètre jamais dans cette gorge resserrée. C'est une succession de tableaux pittoresques.

Les parois sont des conglomérats de cailloux cimentés avec du sable argileux. Des lichens et capillaires d'où perle l'eau la plus limpide et la plus fraîche tapissent les côtés.

Au moment des pluies, ce vallon n'est pas praticable, à cause de l'eau qui recouvre son lit. Au bout, en prenant à droite un sentier, l'on arrive sur la route d'Aspremont au-dessus de l'église de Gairaut.

C'est un endroit qui mérite d'être vu et qui certainement plaira aux amateurs de la nature.

La Madeleine

Hameau distant de Nice de 3 kil. 5 ; dans
la vallée du Magnan. Ravins étroits et profonds
creusés par les eaux pluviales dans les graviers
pliocènes. Ces graviers sont en strates parallèles ; on y rencontre aussi de l'argile marneuse.

La route longe le ruisseau ; à gauche et à
droite se trouvent des fermes et de petites villas.
Plus au Nord, le vallon se resserre après le
pont du chemin de fer du Sud ; et le paysage
devient plus joli encore. Le chemin de fer possède une gare près de l'église.

Fabron

Pour se rendre au quartier de Fabron suivre
la route du Var jusqu'à 200 mètres environ
après le pont Magnan. Là l'on prend à droite le
chemin qui monte à travers champs en décri-
vant des courbes nombreuses.

A ce point la campagne renferme de nombreux
oliviers aux feuilles toujours vertes, qui laissent
tamiser le soleil et en modèrent l'ardeur.

Le sol est en majeure partie constitué par des
conglomérats.

Saint-Isidore

On peut se rendre à Saint-Isidore par la route
du Var ou bien par le chemin de fer du Sud
ou encore par le chemin de Caucade. Saint-

Isidore dépend de la commune de Nice. En face
la gare même se trouve une masse très importante de marnes bleues ; puis viennent des
dépôts quaternaires, formés d'argiles orangées.

But de promenade pour les bicyclistes ; par la
route du Var, qui est excellente et droite, sans
être trop fréquentée par les voitures.

Cimiez

Cimiez, la Cemenelum des Romains, fut fondée
par les Troyens du Latium. De simple bourgade
elle devint chef-lieu des Alpes-Maritimes, après
la conquête de Marseille par Auguste. A partir
de ce moment Nice ne fut plus que son humble
vassale.

L'église, élevée sur les ruines du temple de
Diane vers le IXme siècle, et le couvent furent
vendus, vers le milieu du XVIme siècle, par les
Bénédictins de St-Pons. aux frères franciscains
de Nice dont le monastère avait été saccagé par
les Turcs. Cette église est richement ornée de
peintures ; on y voit trois tableaux de Bréa. Dans
les corridors du monastère on peut examiner
une suite de gravures représentant les divers
épisodes du martyrologe de l'ordre.

Avant d'arriver à l'église, se trouve le *cirque
romain* ou *arènes*, qui mesurait 65 m. de long
sur 46 de large. Les gradins de l'enceinte pou-
vaient contenir environ 7.000 personnes. Près
de ces ruines, dans la villa Garin, on peut voir

l'ancien temple d'Apollon et de nombreuses inscriptions.

Cimiez est un des endroits le plus souvent visités, il intéresse par la beauté de son site et par ses souvenirs historiques. Sa situation au point de vue de l'hygiène et la douceur de son climat ont actuellement une renommée universelle à la suite du séjour réitéré de S. M. la reine d'Angleterre.

Géologie : dolomies, dépôt diluvien sableux, chaux sulfatée.

Saint-Pons

Sur la rive droite du Paillon, à 3 kilom. environ, se trouve le couvent de St-Pons, qui date de 775. Il fut détruit presque entièrement par les Maures en 890. Reconstruit par Fredonius, évêque de Nice, en 999.

Transformé en hôpital militaire sous la République, il est occupé actuellement par des Oblats.

Son cloître est assez curieux à visiter. On y remarque plusieurs tombeaux et sarcophages. Charlemagne y séjourna quelques jours en 800.

C'est sous un grand ormeau qui ombrageait le parvis de St-Pons que fut signé, en 1388, l'acte de donation de Nice au comte de Savoie, Amédée VII.

Dans l'intérieur de l'abbaye se trouve un fragment du tombeau de St-Pons, six inscriptions anciennes et un sarcophage datant des Romains.

L'église très simple daterait du XVIIme siècle.

A quelques mètres de l'abbaye, on voit un pan de mur renversé que l'on suppose être un débris de temple romain.

Les premiers abbés de St-Pons étaient qualifiés comtes de Cimiez.

Le domaine de St-Pons est depuis devenu propriété de l'Etat.

Géologie : dolomies et roches magnésiennes.

Saint-André

A quelques cents mètres du hameau de Saint-André (qui n'offre rien de particulier), se trouve la grotte du même nom, qui est vraiment intéressante sous plusieurs rapports.

L'entrée de cette grotte est aussi poétique que celle de Calypso. L'eau est pétrifiante, riche en bicarbonate de chaux.

Cette grotte naturelle est sous forme d'arche ; elle est creusée sous la route même qui contourne à cet endroit.

L'eau y jaillit en cascade pour se déverser ensuite dans le torrent à pic ; le tout constitue un joli paysage. Derrière un véritable rideau de verdure pendent de nombreuses stalactites d'où l'eau suinte le long de la paroi de la grotte.

Au fond est creusé un bassin naturel à eau glaciale et claire. Cette grotte mérite la peine d'être visitée.

Le hameau est à 6 kilom., fait partie de la

commune de Nice. Possède 700 habitants à peu
près tous agriculteurs.

Géologie : calcaire jurassique et tuf ; ammo-
nites.

Montboron

Le Montboron limite le territoire de Nice à
l'Est. C'est une colline à la base de laquelle
se trouve le port ; merveilleusement située avec
sa vue splendide sur la ville.

Ce quartier autrefois désert s'est subitement
transformé ; c'est actuellement un endroit favori
pour les promenades. Son altitude est de 330
mètres.

Au sommet se trouve le fort Mont-Alban, édifié
en 1557 par Emmanuel-Philibert. Le Montboron est traversé par deux routes, celle d'en bas,
de date récente, et l'ancienne route forestière,
plus élevée.

Cette partie était il y a une vingtaine d'années
aride ; l'on y a fait depuis des plantations de
pins d'alep, de caroubiers, eucalyptus, aloës, etc.
Ce reboisement l'a rendu beaucoup plus attrayant.

L'on se rend au Montboron par l'ancienne
et la nouvelle route de Villefranche. Cette dernière seule est carrossable.

Laghet

Sanctuaire très fréquenté dans toute la région,
distant de Nice de 20 kilomètres ; on s'y rend par

la route de la Corniche, en prenant à gauche
à 500 mètres du village de La Turbie ou encore
par La Trinité.

Le sanctuaire est au fond d'une vallée, au
milieu de pins. Le bâtiment n'a rien de bien
remarquable. Tout autour se trouve une galerie
tapissée d'*ex-voto,* qui figurent les dangers auxquels les fidèles ont échappé grâce à l'interces-
sion de la vierge. Il en est de même pour l'église
qui se trouve au centre du monastère.

Il est en renom depuis le milieu du XVIIme
siècle. Les Carmes l'occupèrent dès 1674, ils en
furent chassés en 1792 par les armées françaises,
qui le pillèrent. Ils ne furent réintégrés qu'en
1815. Le roi de Sardaigne partant en exil pour
l'Espagne s'y arrêta le 26 mars 1849, comme le
témoigne une plaque commémorative.

Le sanctuaire est surtout fréquenté à la Pente-
côte et à La Trinité. Aux jours de pèlerinage
Laghet offre un aspect des plus curieux. De
bonne heure le couvent est envahi par une telle
foule de fidèles que l'entrée du monastère est
impraticable. L'on voit venir des fidèles de tous
côtés, qui se pressent sous les portiques en enton-
nant des cantiques. Les infirmes sont portés en
triomphe, on leur fait faire trois fois le tour
de la galerie en criant : *Gracia Maria !!*

HISTOIRE.

~~~~~~~~

La ville de Nice fut fondée par les Phocéens fixés à Marseille vers le milieu du IVme siècle (350 ans avant l'ère chrétienne). Son nom vient du grec *Niké*, qui signifie victoire, en souvenir du fait d'armes dans lequel les Phocéens vainquirent les Liguriens qui l'habitaient.

Nice eut à lutter pendant longtemps contre les Gaulois. Dépossédée de son rang de cité par César, Cemenelum (Cimiez), petite bourgade gauloise, fut faite capitale des Alpes-Maritimes.

Ravagée ensuite pendant près de trois siècles tantôt par les Goths, par les Bourguignons, les Visigoths et les Lombards. Vers la fin du IXme siècle, la ville fut entièrement détruite.

Elle passa plus tard sous la domination des comtes de Provence. C'est à cette époque (en 1240), qu'il y eut une famine terrible. En 1245 le droit de suzeraineté sur Nice échut à la maison d'Anjou. A la suite de la mort de la reine Jeanne, la guerre intestine éclate dans Nice ; les Niçois se donnent à Amédée VIII, comte de Savoie. C'est pendant son règne (1467) qu'éclate la peste.

Vers 1522 le duc de Savoie Charles le Bon se met sous la protection de Charles Quint pour résister à François Ier qui voulait s'emparer du comté de Nice.

A cette époque, Nice, ravagée par la guerre que se faisaient l'empereur Charles Quint et François Ier, dut la cessation des hostilités à la médiation du pape Paul III (1537) ; une trève de dix ans fut signée. Cette suspension d'armes ne fut pas de longue durée. François Ier allié au sultan Soliman II, qui lui fournit une puissante flotte commandée par l'intrépide Barberousse, abordait le 5 août 1543 à Villefranche et l'attaque du château commença. Les Niçois, encouragés par la conduite héroïque de Catherine Ségurane, repoussèrent les Turcs.

La peste sévit de nouveau en 1550 et faucha plus de trois mille habitants.

Le duc de Savoie, Emmanuel Philibert, épouse Marguerite de France ; c'est à cette époque que fut construit le fort du Mont Alban.

En 1580 une nouvelle épidémie de peste sévit sur Nice.

En 1600 le duc de Guise, à la tête de douze mille Provençaux, s'empare de Nice, qui se rachète en payant une rançon de guerre. Charles Emmanuel en 1626 déclare Nice port franc, ouvert au commerce du monde.

Catinat (1691), de concert avec la flotte du comte d'Estrées, s'empare de Nice. La défense du château fut héroïque ; les poudrières y éclatent, il fallut se rendre. Le roi de France la garda jusqu'en 1696 et la rend au duc de Savoie à la suite du traité de Turin.

Dix ans après, le duc de Berwich s'empare de la ville dont il fait raser les remparts ainsi que la forteresse du château.

Sous la première République le général Anselme franchit le Var et occupe Nice. Le comté demande et obtient son annexion à la France.

En 1814, à la chute de Napoléon Ier, le comté de Nice fit retour au Piémont.

A la suite du traité passé entre Napoléon III et Victor-Emmanuel, Nice fut annexée à la France (1860). Ce fut le paiement d'une dette de reconnaissance envers la France qui avait puissamment contribué à la fondation de l'unité

italienne. La population, *librement consultée*
d'ailleurs (22 avril 1860), se prononce en faveur
de la France par 25.963 oui contre 5.776 non.
Depuis, Nice n'a fait que prospérer, la population
a quadruplé (106.000 de fixes plus 80.000 étrangers) ; une nouvelle ville s'est élevée sur la rive
droite du Paillon. La prospérité actuelle, ses
embellissements, Nice les doit à la France, à
laquelle les Niçois sont profondément attachés.

OBSERVATIONS MÉTÉOROLOGIQUES

Faites par M. TEYSSEIRE, avenue des Fleurs (Année 1897)

JANVIER

DATES	BAROMÈTRE	TEMPÉRATURE Minima	TEMPÉRATURE Maxima	TEMPÉRATURE Moyenne	Humidité relative	VENT dominant du jour	Vitesse du Vent (mèt. par min.)	Nébulosité de 0 à 10	PLUIE en m/m.
	mm.	o	o	o					
1	768.4	4.3	13.9	9.1	65	N.-O.	340	2	—
2	769.5	2.4	13.6	8.0	73	N.-O.	220	2	—
D 3	766.7	3.2	11.8	7.5	70	S.-E.	210	8	1.3
4	764.7	1.4	11.8	6.6	61	N.-O.	340	0	—
5	768.5	0.8	10.4	5.6	71	N.-O.	260	10	—
6	766.6	5 4	10.6	8.0	72	S.-E.	340	10	0.7
7	765.6	7.0	15.8	11.4	64	S.-E. fort	560	6	—
8	763.5	4.6	14.6	9.6	67	N.-E. nul	100	6	—
9	758.4	8.2	11.0	11.1	86	S.-E. fort	620	10	—
D10	754.4	7.6	15.0	11.3	81	N.-O.	210	10	—
11	751.8	8.8	11.2	10.0	97	S.-E.	200	10	32.0
12	753.8	8.0	12.0	10.0	87	S.-E. fort	520	10	—
13	752.2	6.4	14.4	10.4	64	S.-E. fort	490	10	—
14	753.1	9.2	13.4	11.3	95	S.-E. fort	420	10	—
15	755.8	5.8	14.2	10 0	57	N.-E. fort	560	10	—
16	748.6	8.0	14.0	11.0	75	N.-E.	240	10	—
D17	753.8	8.2	13.2	11.1	74	N.-E. fort	410	10	65.4
18	756.9	7.4	15.4	11.4	61	N.-E. fort	410	10	—
19	755.8	6.2	11.8	9.0	86	N.-E.	260	10	—
20	760.4	6.0	11.2	8.6	86	S.-E.	340	10	—
21	753.3	6.3	12.1	9.4	63	N.-E.	210	10	—
22	733.7	6.8	11.6	9.2	85	N.-E.	310	10	—
23	735.8	2.2	7.4	4.8	66	S.-O. fort	420	3	—
D24	743.5	2.6	6.2	1.8	69	S.-E.	210	2	—
25	754.7	1.8	10.2	4.2	52	S.-O.	370	0	—
26	753.4	1.6	11.0	4.7	70	N.-O. fort	460	0	—
27	755 1	2.8	16.4	9.6	33	N.-O. fort	470	2	—
28	757.2	1 0	6.0	3.5	78	N.-O. fort	410	8	—
29	757.0	0.8	6.2	2.7	87	N.-O. fort	420	10	—
30	754.5	0.6	8.0	3.7	66	S.-O.	310	6	—
D31	732.4	0.7	7.3	4.0	82	N.-O.	260	10	—

FÉVRIER

| DATES | BAROMÈTRE | TEMPÉRATURE | | | Humidité relative | VENT | | Vitesse du Vent (mét. par min.) | Nébulosité de 0 à 10 | PLUIE en m. m. |
		Minima	Maxima	Moyenne		VENT dominant du jour			
	mm.	°	°	°					
1	752.1	0.0	10.4	5.2	81	S.-O.	240	6	—
2	753.8	2.4	14.6	8.5	63	S.-E.	260	3	—
3	751.3	5.6	23.4	14.5	31	S.-O. fort	560	5	—
4	758.4	6.2	16.0	11.1	76	S.-E.	180	6	—
5	759.8	7.4	11.0	10.7	75	S.-E.	220	10	8.0
6	756.5	5.8	16.6	11.2	64	S.-O. fort	470	2	—
D 7	752.3	6.4	20 6	13.5	36	S -O. fort	540	2	—
8	761.2	5.4	17.4	11.4	62	S.-O.	220	0	—
9	766.3	3.4	16.2	9.8	53	S.-O.	180	0	—
10	765.9	3.4	15.0	9.2	65	S.-E.	210	0	—
11	761.2	5.0	13.2	9.1	72	N.-O.	160	6	0.6
12	762.5	8 4	14.6	11.5	67	S.-E.	310	10	—
13	763 6	5.2	15.4	10.6	68	S.-O.	210	0	—
D14	762.4	7.3	16.1	11.7	76	S.-O.	270	4	—
15	764.2	5.3	16 3	10.8	67	S. E.	260	0	—
16	770.7	4.8	16.6	10.7	58	S.-E.	380	0	—
17	773.9	4.2	16.0	10.1	58	S.-E.	280	0	—
18	773.8	4.4	15.2	9.8	66	S.-E.	190	2	—
19	772.0	3 2	16.2	9.7	69	S.-E.	180	3	—
20	770.8	7.4	17.2	12.3	43	S.-E.	340	7	—
D21	770.0	5.1	17 7	11.4	64	Nul	0	4	—
22	767.1	4.8	17.6	11.2	44	N.-O.	340	0	—
23	773.3	2.0	17.0	9.5	56	S.-E.	210	0	—
24	774.8	4.5	16.7	10 6	60	S.-E.	180	0	—
25	774.0	4.4	17.4	10.9	52	S.-E.	140	0	—
26	771.9	5.1	17.3	11.2	46	S.-E.	160	0	—
27	769.6	5.7	16.5	11.1	76	S.-E.	210	10	—
D28	765.4	8.2	14.2	11.2	77	S.-E.	130	8	—

MARS

Dates	Baromètre	Température			Humidité relative	Vent	Vitesse du Vent (mèt par min.)	Nébulosité de 0 à 10	Pluie en m/m.
		Minima	Maxima	Moyenne		Vent dominant du jour			
	mm.	°	°	°					
1	759.7	8.2	15.8	12.0	68	S.-O.	340	6	—
2	757.0	7.6	15.8	11.7	68	N.-O.	370	7	2.3
3	753.3	5.3	16.1	10.7	65	N.-O. fort	530	6	—
4	761.2	3.7	17.1	10.4	37	N.-O.	380	0	—
5	752.0	6.0	16.4	11.2	45	N.-O. fort	460	10	0.7
6	761.2	1.6	14.4	8.0	65	N.-O.	180	10	—
D 7	754.5	2.3	14.7	8.5	61	S.-O.	310	2	—
8	761.7	3.4	15.2	9.3	44	S.-E.	210	0	—
9	765.3	2.2	15.4	8.8	55	S.-E.	340	0	—
10	764.8	3.4	15.6	9.5	53	S.-E.	310	6	—
11	764.0	4.2	16.6	10.4	67	S.-E.	210	2	—
12	752.4	5.5	16.3	10.9	65	S.-E.	180	7	—
13	749.0	9.4	16.6	13.0	49	S.-O. fort	410	6	26.0
D14	753.0	5.2	16.8	11.0	55	S.-E.	340	3	—
15	755.6	6.0	17.0	11.5	65	E. fort	450	8	3.4
16	759.6	10.0	14.0	12.2	80	Nul	0	10	4.4
17	761.6	9.6	17.2	13.4	82	S.-O.	310	4	—
18	763.6	8.0	17.2	12.6	72	S.-E.	240	6	—
19	761.6	8.2	17.8	12.0	73	S.-E. fort	420	5	—
20	760.0	8.0	18.8	13.4	80	S.-O.	210	0	—
D21	764.3	9.0	21.4	15.2	56	S.-E.	230	2	—
22	767.2	6.8	18.0	12.4	78	S.-E.	260	3	—
23	765.7	6.8	16.2	11.5	86	S.-E.	210	10	—
24	764.7	10.7	14.7	12.7	80	S.-O.	220	10	—
25	763.6	11.6	16.0	13.8	73	E.	310	10	—
26	763.4	12.2	15.6	13.9	76	Nul	0	10	—
27	759.6	12.2	17.6	14.9	81	S.-E.	320	8	—
D28	757.0	9.0	18.0	13.5	75	S.-E.	260	5	—
29	716.0	14.4	25.2	19.8	32	N.-O. fort	420	8	—
30	750.5	6.2	19.8	13.0	55	S.-E.	290	1	—
31	751.8	10.1	18.9	14.5	81	S.-E.	260	8	2.2

AVRIL

Dates	Baromètre	Température Minima	Température Maxima	Température Moyenne	Humidité relative	Vent dominant du jour	Vitesse du Vent (m. et. par min.)	Nébulosité de 0 à 10	Pluie en m/m.
	mm.	°	°	°					
1	745.8	8.0	15.6	11.8	69	S.-O. fort	460	10	2.4
2	744.3	8.6	21.0	14.8	44	N.-O. fort	140	8	—
3	752.0	4.8	19.8	12.3	38	S.-E.	340	6	0.8
D 4	745.4	8.0	22.6	15.3	39	N.-O. fort	510	4	—
5	752 5	8.2	21.8	15.0	46	S -E.	360	4	—
6	755.3	8.4	23.0	15.7	64	S.-O. fort	420	10	—
7	757.3	5.4	19.6	12.5	67	S.-E.	260	0	-
8	752.5	5.7	19.1	12.4	41	E. fort	510	6	—
9	762.2	5.2	17.2	11.2	52	S.-O. fort	410	0	—
10	761.1	6.1	17 7	11.9	61	S.-E.	240	4	—
D11	758.6	6.8	18.6	12.7	48	S.	210	4	—
12	758.2	7.7	18.7	13.2	78	S.-E.	180	5	—
13	762.6	8.0	19.0	13.5	63	S.-E.	340	2	—
14	766.0	8.2	18.6	13.4	66	E.	360	6	—
15	765.6	9.8	17.2	13.5	83	S.-E.	180	10	-
16	761.8	11.8	18.8	15.3	53	N.-O.	290	8	—
17	767.7	9.0	19.4	14.2	46	S.-E.	240	3	—
D18	761.6	9 0	19.2	14.1	72	S.-E.	260	4	—
19	759.1	9.2	18.8	14.0	72	S -E.	210	4	—
20	752.1	8 2	23.0	15.6	55	S.-O. fort	540	5	—
21	759.1	7.6	19.4	13.5	57	S.-E.	280	3	—
22	760.5	9.1	20.5	14.8	63	S.-E.	340	2	—
23	751.5	9.6	20.2	14.9	49	S.-E. fort	620	5	—
24	745.0	14.8	19.6	17 2	85	N.-E. fort	460	10	0.7
D25	755.9	11.0	20.8	15.9	78	S.-E.	240	5	—
26	760.1	11.6	22.6	17.1	62	S.-E.	360	6	—
27	763 0	13.4	21.0	17.2	72	S.-E. fort	820	5	--
28	767.4	15.0	22.6	18.8	80	S.-E.	280	10	0.5
29	770.2	12.6	21.8	17.2	68	S.-E.	340	0	—
30	764.8	10.8	21.8	16.3	68	S.-E.	340	0	—

MAI

DATES	BAROMÈTRE	TEMPÉRATURE			Humidité relative	VENT		Vitesse du Vent (mèt. par min.)	Nébulosité de 0 à 10	PLUIE en m/m.
		Minima	Maxima	Moyenne		VENT dominant du jour				
	mm.	°	°	°						
1	758 9	11.4	21 8	16 6	72	S.-E.		280	5	—
D 2	755.3	13.9	21.7	17.8	76	S.-E.		310	2	-.-
3	760.8	11.8	20.8	16.8	71	S.-E.		340	5	—
4	756.3	13.4	22.6	18.0	65	S.-E.		240	3	—
5	758.7	11.6	23.4	17 5	51	S.-O.		250	2	—
6	758.5	11.3	22.7	17.0	67	S.-E.		270	3	—
7	757.9	10.2	19.0	14.6	90	S.-E. fort		460	7	3.5
8	761.3	7 2	19.6	13.4	47	S.-E.		180	0	—
D 9	761.0	7.6	21.0	14.3	58	S.-E.		240	4	—
10	757.3	9.3	20.7	15.0	72	S.-E.		370	0	—
11	753.7	9.8	20.6	15.2	71	S.-E.		210	5	—
12	756.1	8.4	21.0	14.7	47	S.-E.		340	2	—
13	760.1	7.3	19.7	13.5	50	N.-O. fort		420	8	—
14	762.6	6.6	18.4	12.5	77	S.-O.		340	4	—
15	759.2	6.8	20.4	13.6	50	S.-O.		350	2	—
D16	757.2	8.8	21.2	15.0	70	S.-O.		280	0	—
17	758.6	8.8	21.2	15.0	64	S.-E.		280	0	—
18	759.6	10.4	20.0	15.2	87	S.-E.		390	6	—
19	757.6	10.2	25.2	17.7	72	S.-E.		240	0	—
20	756.1	15.2	21.2	18.2	73	S.-E.		360	8	—
21	755.5	15.0	21.0	18.0	77	S.-E.		210	8	—
22	752.2	15.3	17.7	16.5	94	Nul		0	9	9.6
D23	750.2	12.6	22.0	18.3	84	S.-E.		340	6	0.7
24	751.7	13.8	21.6	17.7	80	S.-O. fort		440	5	—
25	752 7	13.8	22.2	18.0	76	S.-E.		360	4	—
26	751.8	11.4	23.4	17.4	56	E. fort		410	2	—
27	748.8	13.2	23.6	18.4	69	S -E.		310	3	—
28	752.7	10.2	23.8	17.0	55	E. fort		420	4	—
29	763 3	13.0	23.0	18.0	58	S -O.		360	0	—
D30	763.0	12.4	23.6	18.0	72	S.-E.		240	0	—
31	760.8	13.0	24.6	18.8	60	S.-E.		230	0	—

JUIN

DATES	BAROMÈTRE	TEMPERATURE			Humidité relative	VENT dominant du jour	Vitesse du Vent (mèt. par min.)	Nébulosité de 0 à 10	PLUIE en m/m.
		Minima	Maxima	Moyenne					
	mm.	o	o	o					
1	762.1	12.2	25.2	18.7	75	S.-E.	270	0	—
2	761.6	13.7	25.5	19.6	53	N.-O.	240	4	—
3	759.8	15.4	29.4	22.4	43	S.-O. fort	420	5	—
4	757.4	16.2	29.6	22.9	40	N.-O. fort	430	2	—
5	758.4	14.0	29.0	21.5	54	S.-E.	210	5	—
D 6	759.8	17.0	27.0	22.0	73	Nul	0	5	0.6
7	760.8	15.8	26.2	21.0	81	S.-E.	260	2	—
8	761.1	18.0	25.8	21.9	70	S.-E.	320	4	—
9	758.3	17.0	24.2	20.6	77	S.-O.	210	10	0.7
10	760.6	13.3	28.3	20.8	42	S.-O.	240	0	—
11	766.1	15.0	28.6	21.8	47	S.-O.	200	0	—
12	768.0	14.7	28.1	21.4	50	S.-O.	310	0	—
D13	767.1	15.0	27.0	21.0	54	S.-O.	260	2	—
14	765 5	15.4	27.2	21.3	68	S. O.	190	0	—
15	763.3	16.2	26.6	21.4	59	S.-O.	230	0	—
16	761.5	15.2	26.0	20.6	60	S.-E.	210	2	—
17	759.0	17.8	26.0	21.9	77	S.-E.	360	5	—
18	760.9	16.4	25.0	20.7	67	S.-O. fort	410	6	—
19	754.0	14.4	30.8	22.6	18	S.-E. fort	480	6	—
D20	757.0	13.2	25.2	19.7	49	S.-E.	370	5	—
21	762.5	14.2	25.4	17.8	66	S.-E.	320	0	—
22	766.0	15.8	26.0	20.9	53	S.-O.	310	0	—
23	767.3	14.4	26.4	20.4	61	S.-E.	260	0	—
24	765.0	15.4	27.4	21.4	58	S.-E.	210	0	—
25	763.2	15.3	27.7	21.5	74	S.-E	210	0	—
26	762.3	15.2	29.2	22.2	65	S.-O.	370	0	—
D27	765.8	18.4	27.6	23.0	71	S.-E.	260	0	—
28	764.5	18.2	27.0	22.6	73	S.-O.	310	2	—
29	765.0	18.0	32.0	25.0	35	S.-E.	340	0	—
30	764.2	19.7	30.7	25.2	56	S.-E.	360	5	—

JUILLET

DATES	BAROMÈTRE	TEMPERATURE			Humidité relative	VENT		Vitesse du Vent (mét. par min.)	Nébulosité de 0 à 10	PLUIE en m/m.
		Minima	Maxima	Moyenne		Vent dominant du jour				
	mm.	o	o	o						
1	760.1	20.6	32.4	26.5	45	S.-E.		380	9	0.5
2	761.8	21.2	32.0	26 6	33	S.-E. fort		540	8	0.3
3	763.6	20.6	24.4	22.5	79	S.-E.		250	10	7.8
D 4	762.0	16.6	26.2	21.4	74	S.-E		320	0	—
5	760.3	17.8	27.0	22 4	67	S -O.		340	0	—
6	763.2	19.4	30.4	24.9	65	S.-O.		270	0	—
7	762.8	18.0	28.6	23.3	56	S.-O.		340	2	—
8	760.2	17.6	29.0	23.3	72	S.-E.		180	0	—
9	753.5	18 2	29.4	23.8	72	Nul		0	0	—
10	764.0	18.0	29.4	23.7	70	S.-E.		230	2	—
D11	763.0	21.6	30.2	25 9	66	S.-E.		210	4	—
12	762.4	20.8	30.6	25.7	71	S.-O.		210	4	—
13	757.5	18.8	27.5	23.2	72	N.-O. fort		460	10	5.5
14	758 2	17.8	24.8	21.3	75	S.-E.		260	4	—
15	758.6	18.4	25.6	22.0	74	N.-E. fort		540	3	—
16	758.2	17.6	28.4	23.0	63	S.-E.		180	0	—
17	760.6	18.6	31.4	25.0	36	Nul		0	0	—
D18	759.8	19.4	30.0	24.7	54	S.-O.		140	6	—
19	759.4	18.2	29.6	23.9	70	S.-E. fort		420	4	—
20	757.2	19.2	31.2	25.2	54	S.-E.		360	0	—
21	755.7	18.0	35.8	26.9	18	S.-O. fort		480	0	—
22	761.0	20.0	29.2	24.6	64	S.-E. fort		420	0	—
23	765.4	18.0	23.8	23.9	56	S.-E.		310	0	—
24	764.4	17.6	28.4	23.0	69	S.-E.		240	0	—
D25	763.2	18.6	20.4	23.5	67	S.-E.		210	0	—
26	760.4	20.0	28.0	24.0	78	S.-E		140	5	—
27	756.3	20.9	29.7	25.3	63	S.-E.		180	10	0.3
28	758.9	17.8	30.4	24.1	44	S.-E.		190	0	—
29	761 8	16.8	29.4	23.1	42	S.-O.		320	2	—
30	761.4	16.2	28.2	22.7	49	S.-O. fort		480	0	—
31	759 1	16.8	28.2	22 5	58	S.-O.		340	0	—

AOUT

DATES	BAROMÈTRE	TEMPÉRATURE			Humidité relative	VENT — Vent dominant du jour	Vitesse du Vent (mèt. par min.)	Nébulosité de 0 à 10	PLUIE en m/m.
		Minima	Maxima	Moyenne					
	mm.	o	o	o					
1	759.0	15.9	25.7	20 8	67	O.	360	5	—
D 2	760.7	16 2	26.6	21.4	64	S.-E.	290	2	—
3	761.2	17.3	28.3	22.8	58	S.-E.	360	3	—
4	761.8	17.4	28.6	23.0	66	S.-E.	370	0	—
5	757.5	19.3	28.5	24.0	68	S.-O.	320	0	
6	754.0	18.4	28.6	23.5	61	S.-O. fort	410	6	0.8
7	755.8	19.2	23.8	21.5	74	S.-O.	320	8	0.3
8	759.6	15.6	25.0	20.3	57	S.-O fort	460	2	—
D 9	761.3	15.4	26.2	20.8	52	N.-O. fort	440	0	—
10	761.1	16.2	25.8	21.0	53	N.-O.	360	10	—
11	760.0	16.7	24.3	20.5	94	S.-O.	340	10	2.0
12	762.4	14.8	26.8	20.7	63	S -O.	250	3	—
13	764.8	18.2	27.2	22.7	49	S.-O.	260	0	—
14	763.7	15.4	27.4	21.4	61	· S -O.	340	0	—
15	764.2	16.9	26.1	21.5	67	S.-O.	270	4	—
D16	760.6	16.7	25.7	21.2	68	S.-O. fort	410	10	—
17	760.4	17.2	26.8	22.0	65	S.-E.	290	2	—
18	762.0	16.5	26.5	22 0	63	S.-O.	320	2	—
19	761.6	16.5	27.1	21.8	72	N -E.	350	3	-
20	758.7	17.3	20.3	18.8	68	S.-E.	310	10	—
21	759.5	16 3	24.7	20 5	74	S -O.	220	7	43.1
22	757.1	16.8	23.4	20.1	96	S.-O.	250	10	—
D23	760.4	14.2	25.8	20.0	61	S.-O.	320	0	—
24	765.3	15 7	26.9	20.8	67	S.-E.	240	0	—
25	754.8	14.6	25.2	19.9	71	S.-O. fort	540	0	—
26	757.5	14.7	25.3	20.0	81	S.-O. fort	570	6	0.2
27	759.7	10.9	26.3	18.6	30	S.-O. fort	430	2	—
28	760.6	9.6	25.8	17.7	55	S.-O.	240	4	—
29	759.6	12.4	25.0	18 7	44	S.-O.	240	0	—
D30	759.8	12.7	24.5	18.6	53	S.-O.	260	0	—
31	763.0	14.2	24.4	19.3	69	S.-E.	280	4	—

SEPTEMBRE

DATES	BAROMÈTRE	TEMPERATURE			Humidité relative	VENT		Vitesse du Vent (met. par min.)	Nébulosité de 0 à 10	PLUIE en m/m.
		Minima	Maxima	Moyenne		VENT dominant du jour				
	mm.	°	°	°						
1	765 0	19.8	28.0	23.9	74	S.-E.		340	2	—
2	762.1	20.2	27.8	24.0	66	S.-E.		280	2	—
3	759.4	19 8	27.4	22.6	75	S.-E.		390	8	0.4
4	761.0	18 4	30.6	24.3	24	O. fort		420	0	—
D 5	761.8	15.2	26.8	21.0	44	S.-O		340	0	—
6	762.7	14.4	26.2	20.3	54	S.-O.		240	7	—
7	755.9	15.8	27.4	21.6	66	S.-E.		240	0	—
8	760.8	15.0	27.4	21.2	60	S.-O.fort		420	6	—
9	760.6	16.4	26.4	21.4	59	Nul		0	5	—
10	758.7	18.2	23.8	21.0	78	Nul		0	10	2.5
11	761.6	13.3	22.7	29.5	88	E.		130	10	7.4
D12	764 1	13.4	25.0	19.2	59	S -O.		350	3	—
13	766.2	15.2	21.4	18.3	72	S.-O.		380	8	0.4
14	763.9	14.6	26.4	20.5	63	S.-O.		240	8	—
15	759.2	17.8	26.2	22.0	50	S.-O.fort		420	6	—
16	757.5	13.0	25.2	19.1	66	S.-O.		310	0	
17	756.8	15.0	25.4	20.2	56	S.-O.		370	4	—
18	757.3	13.2	25 6	19.4	53	O. fort		620	7	61.5
D19	751.2	14.8	19.2	17.0	73	S.-O.		340	8	1.8
20	754.4	7.0	18.4	12 7	60	S.-O.		310	2	—
21	756.7	8 4	21.8	15.1	50	S.-O.		290	2	—
22	760.2	10.4	22.8	16.6	62	S.-E.		180	0	—
23	762.7	13.4	22.6	18.0	68	S -E.		210	6	—
24	771.0	14.6	23.8	19.2	65	S.-E.		220	3	—
25	770.4	14.4	24.2	19.3	66	S.-E.		190	0	—
D26	769.6	14.0	24.6	19.3	67	S.-O.		210	0	—
27	756.3	14.6	25.2	19.9	74	Nul		0	0	—
28	764.4	14.6	25.4	20.0	80	S.-E.		160	0	—
29	763.8	14.6	24.8	19 7	72	S.-E.		190	0	—
30	763.2	15.2	23.4	19.3	82	S.-E.		210	7	--

OCTOBRE

DATES	BAROMÈTRE	TEMPERATURE			Humidité relative	VENT dominant du jour	Vitesse du Vent (mèt par min.)	Nébulosité de 0 à 10	PLUIE en m/m.
		Minima	Maxima	Moyenne					
	mm.	o	o	o					
1	757.6	12.0	14.4	13.2	90	S.-E. fort	460	10	68.8
2	760.0	13.0	19.2	16.1	90	S.-E.	180	10	1.8
D 3	757.6	14.2	25.0	19.1	66	Nul	0	10	—
4	754.6	13.8	23.6	18.7	69	S.-O.	180	6	3.5
5	752.8	13.4	19.4	16.4	59	Nul	0	10	3.2
6	754.8	10.4	19.4	14.9	61	Nul	0	10	—
7	759.5	9.6	19.6	14.6	65	O.	330	7	0.4
8	760.2	10.2	17.2	13.7	83	S.-E.	310	8	1.6
9	764.5	9.8	18.6	14.2	76	Nul	0	8	—
D10	765.0	10.2	19.2	14.7	67	S.-E.	360	8	0.3
11	765.6	9.6	19.8	14.7	69	S.-O.	310	5	—
12	760.3	9.4	19 8	14 6	60	S.-O.	340	3	—
13	762.5	10.2	20.2	15.2	61	S.-E.	220	4	—
14	762.2	10.0	21.2	15.1	64	S.-E.	370	4	—
15	760.9	10 8	23.2	17.0	54	E. fort	530	6	—
16	760.5	10.0	19.0	14.5	92	N.-E. fort	430	10	41.4
D17	758.4	9.0	21.2	15.5	83	Nul	0	5	—
18	766.6	13.4	22.0	17.7	76	S.-O.	140	2	—
19	767.6	12 6	22.2	18.4	82	S.-O.	160	0	—
20	762.2	13.2	22.0	17.6	87	S.-E.	180	5	—
21	759.4	13.4	21.2	17.3	58	N.-E. fort	450	8	—
22	757.6	10.8	19.8	15.3	59	N.-E. fort	630	10	3.4
23	760.9	13.2	18.8	16.0	75	N.-E. fort	460	8	—
D24	763.2	10.4	18.8	14.6	88	Nul	0	8	—
25	767.0	7.6	22.0	14.8	45	S.-O. fort	470	0	—
26	770.2	8.4	21.6	15.0	72	S.-E.	250	0	—
27	770.0	8.2	20.8	14 5	63	Nul	0	0	—
28	770.9	8.2	20 8	14.5	67	S.-E.	270	0	—
29	771.6	8.6	19.0	13.8	85	S.-E.	220	3	—
30	770.6	7.4	18.2	14.8	60	S.-E	180	0	—
D31	769 0	6.4	18.5	12.5	70	S.-E.	260	2	—

NOVEMBRE

Dates	Baromètre	Température Minima	Température Maxima	Température Moyenne	Humidité relative	Vent dominant du jour	Vitesse du Vent (mèt par min)	Nébulosité de 0 à 10	Pluie en m/m.
	mm.	o	o	o					
1	767.1	6.4	18.2	12.3	67	S.-E.	120	2	—
2	765.5	9.0	18.4	13.7	47	E.	340	3	—
3	763.7	5.4	18.2	11.0	41	E. fort	680	3	—
4	766.3	5.4	18.2	11.8	73	Nul	0	10	0.5
5	769 0	12.8	21.2	17.0	63	Nul	0	6	—
6	767.4	9.2	19.4	14.3	70	S.-O.	180	0	—
D 7	768.1	8.8	19.0	13.9	84	Nul	0	0	—
8	768.2	7.6	18.2	12.9	85	S.-O.	210	3	—
9	768.0	8.9	18.4	13.2	81	Nul	0	0	—
10	770.6	7.0	17.4	12.2	59	E. fort	420	0	—
11	772.7	5.7	16.7	11.2	60	E. fort	410	3	—
12	770.8	5.8	14.8	10.3	72	E. fort	460	8	—
13	767.5	10.0	14.0	12.0	86	Nul	0	10	1.2
D14	762.4	11.4	15.4	13.4	83	S.-O.	270	10	9.4
15	766.2	10.4	10.6	14.5	67	E. fort	420	7	—
16	769.8	9.8	19.8	14.8	73	E.	320	0	—
17	770.2	10.6	19.4	15.0	68	S.-E.	340	3	—
18	771.7	10.6	19.4	15.0	72	S.-E.	280	7	—
19	771.6	10.2	17.8	14.0	78	S.-E.	210	8	—
20	770.5	10.0	17.8	13.9	78	Nul	0	4	—
D21	772.9	8.4	21.2	14.8	71	S.-E.	120	0	—
22	775.2	7.6	20.2	13.9	68	S.-O.	240	0	—
23	772.4	7.0	19.0	13.0	79	S.-O.	240	0	—
24	765.0	6.4	16.4	11.4	75	S.-E.	310	5	—
25	757.1	6.0	16.6	11.3	75	Nul	0	0	—
26	765.1	7.0	15.0	11.0	51	E. fort	560	4	—
27	768.7	2.4	12.6	7.5	65	S.-E.	250	0	—
D28	760.3	2.0	12.8	7.4	74	S.-O.	160	0	—
29	742.6	1.2	15.0	8 1	28	N.-O.fort	860	0	—
30	759.0	2.2	16.2	9.2	48	N.-O.	280	0	—

DÉCEMBRE

| DATES | BAROMÈTRE | TEMPÉRATURE | | | Humidité relative | VENT | | Vitesse du Vent (mèt. par min.) | Nébulosité de 0 à 10 | PLUIE en m/m. |
		Minima	Maxima	Moyenne		Vent dominant du jour			
	mm	°	°	°					
D 1	761.1	9.1	14.3	11.7	79	S.-E.	120	10	—
2	762.8	7.3	15.3	11.3	70	Nul	0	2	—
3	768.3	6.1	15.3	10.7	57	S.-E.	360	2	—
4	765.9	4.8	15.0	9.9	69	S.-O.	260	2	—
5	765.0	8.0	16.6	12.3	74	S.-O.	210	3	—
6	754.7	6.4	14.4	10.4	71	N.-O.	240	3	—
7	753.1	7.4	17.0	12.2	30	O. fort	470	2	—
D 8	758.2	3.0	12.6	7.8	26	N.-O.fort	460	0	—
9	766.0	0.6	11.8	6.2	45	S.-O.	240	0	—
10	762.5	1.4	13.2	7.3	48	Nul	0	0	—
11	761.6	5.2	15.2	10.2	61	Nul	0	3	—
12	762.7	5.2	15.2	10.2	73	S.-O.	180	2	-
13	744.5	4.8	13.4	9.1	73	N.-O.fort	460	6	0.6
14	749.6	3.2	15.0	9.1	36	N.-O.	340	0	-
D15	755.0	2.4	15.0	8.7	57	S.-O.	240	6	1.8
16	749.6	5.2	13.4	9.3	86	E.	220	8	0.5
17	751.7	4.3	11.7	8.0	81	N.-E.	180	10	4.7
18	753.0	4.3	11.7	8.0	84	N.-E fort	420	10	5.4
19	751.0	6.8	10.6	8.7	94	Nul	0	10	7.5
20	749.7	6.2	14.8	10.5	74	Nul	0	10	2.8
21	752.8	4.0	14.0	9.0	70	N.-O.	320	0	-
D22	756.5	3.3	13.3	8.3	74	S.-O.	108	2	—
23	755.7	3.4	13.0	8.2	76	S.-O.	140	10	—
24	754.8	6.2	10.8	8.5	89	Nul	0	10	11.4
25	756.4	4.2	13.8	9.0	84	Nul	0	8	--
26	759.1	4.2	15.0	9.6	63	S.-O.	120	2	-
27	758.8	8.3	14.7	10.5	67	S.-O.	370	4	2.0
28	766.8	4.0	15.0	9.5	75	S.-O.	180	0	—
D29	764.4	4.3	9.3	6.8	86	S.-E.	140	6	—
30	760.8	6.5	9.3	7.9	86	Nul	0	6	—
31	757.7	7.6	13.0	10.3	80	Nul	0	4	

CORPS CONSULAIRE

~~~~~~~~

Angleterre, place Bellevue, aux Ponchettes.
Allemagne, rue Gioffredo, 38.
Autriche-Hongrie, rue de l'Hôtel-des-Postes, 1.
Belgique, quai Masséna, 4.
Bolivie, rue de l'Hôtel-des-Postes, 10.
Brésil, place Masséna, 2.
Chili, place de l'Eglise-du-Vœu, 2.
Colombie, avenue de la Gare, 25.
Costa-Rica, rue Pastorelli, 6.
Danemark, quai du Midi, 6.
Espagne, quai Masséna, 8.
Etats-Unis d'Amérique, rue du Congrès, 1.
Grèce, avenue de la Gare, 4.
Haïti, rue de l'Escarène, 3.
Italie, place Masséna, 6.
Mexique, avenue Verdi, villa des Orangers.
Monaco, (Principauté de), rue Garnier, 8.
Nicaragua, place Garibaldi, 5.
Pays-Bas, quai du Midi, 5.
Paraguay, avenue de la Gare, 56.
Portugal, rue Sainte-Clotilde, 1.
Perse, rue Rossini, 4.
Pérou, avenue de la Gare, 25.
République Argentine, rue d'Angleterre.
République Dominicaine, villa Blanqui, Pont-Magnan.
Roumanie, boulevard Carabacel, villa Gauthier.
Russie, rue Rossini, 11.
Suède-Norwège, quai Masséna, 8.
Suisse, rue Charles-Albert, 3.
Turquie, place de l'Eglise-du-Vœu.
Uruguay, rue Garnier, 3.
Vénézuela, rue de la Paix, 57.

VOITURES DE PLACE

~~~~~~~~

Le service de nuit commence à 7 heures du soir, du 15 octobre au 15 avril ; à 10 heures du soir, du 15 avril au 15 octobre, et finit à 7 heures du matin en toute saison.

La course comprend l'aller et non le retour, elle n'est applicable que sur les routes et aux maisons riveraines.

N.-B. — La promenade du Château n'est pas comprise dans le tarif de la course.

I. — *Tarif de la course dans la ville ne dépassant pas les limites désignées par des poteaux.*

		jour		nuit	
Voiture à 1 cheval.................	à 2 places	0	75	1	25
Voiture à 1 cheval ou coupé.......	à 4 places	1	»	1	50
Voiture à 2 chevaux..........	à 2 ou 4 places	1	50	2	50

II. — *Tarif à l'heure dans le périmètre du rayon de l'octroi de la ville, y compris la promenade du Château.*

		jour		nuit	
Voiture à 1 cheval	à 2 places	2	»	2	50
Voiture à 1 cheval ou coupé	à 4 places	2	50	3	»
Voiture à 2 chevaux	à 2 ou 4 places	3	50	4	»

III. — *Tarif à l'heure pour les courses dont la destination se trouve entre le rayon de l'octroi et les limites de la commune. L'heure compte à partir du moment où la voiture est prise.*

		jour		nuit	
Voiture à 1 cheval	à 2 places	3	»	3	50
Voiture à 1 cheval ou coupé......	à 4 places	3	50	4	»
Voiture à 2 chevaux	à 2 ou 4 places	4	50	5	»

LES STATIONS D'ÉTÉ

des Alpes-Maritimes

Par les Dᵣˢ Baury et A. Chuquet, anciens internes
des hôpitaux de Paris

~~~~~~~~~

Les médecins connaissent peu les ressources
que présentent nos climats méditerranéens pour
la cure d'été. Il n'est pas nécessaire pour trouver
la fraîcheur recommandée aux valétudinaires
d'émigrer vers des régions lointaines ; nous
possédons dans les Alpes-Maritimes des stations
à diverses altitudes qui peuvent dès maintenant
rivaliser avec celles des pays étrangers. Les
stations dont nous allons parler sont connues
depuis longtemps mais leur vogue semble limitée
à la région car elles sont surtout fréquentées par
la classe aisée de Nice, de Cannes, et autres
villes du département. Depuis quelque temps
cependant, les hivernants du littoral commencent
à en apprécier les avantages et leur clientèle
s'accroît d'année en année. Des efforts sont faits
pour augmenter les ressources de ces stations,
en faciliter l'accès.

I. — SAINT-MARTIN-VÉSUBIE

Cette station, qu'on désignait autrefois et qu'on désigne encore sous le non de Saint-Martin-Lantosque, est à 58 kilomètres au nord de Nice. On y accède par une ancienne route très pittoresque bien connue des touristes ; ce long trajet en voiture peut être diminué de près de moitié depuis la création du chemin de fer de Nice à Puget-Théniers. A la station de la Vésubie, au confluent du Var et de la Vésubie on trouve un hôtel, des voitures de louage et un courrier faisant régulièrement trois fois par jour le service de Saint-Martin (33 kilomètres).

La route suivant les rives de la Vésubie franchit les torrents sur des ponts hardis, passe sous plusieurs tunnels, traverse des gorges magnifiques et une série de paysages qui ont valu à cette vallée le nom de « Suisse Niçoise ».

Saint-Martin est un climat de montagne. On sait qu'il ne faut pas se baser uniquement sur la hauteur au-dessus du niveau de la mer pour comparer la valeur des stations d'altitude ; ce serait une erreur aussi grossière que d'apprécier

chacune de nos stations hivernales d'après sa
latitude. La rapidité du dénivellement avec les
terres voisines, l'état de dénudation du sol ou la
nature et l'intensité de la végétation, le voisinage
des glaciers ou de la mer sont des facteurs de
première importance.

D'après la plupart des auteurs, les effets de
l'altitude sur les fonctions hémato-poïetiques,
sur l'accroissement de la capacité respiratoire,
sur le développement d'une sorte d'immunité à
l'égard de la tuberculose commencent à 800
mètres. Saint-Martin, bâti à 960 mètres, est
donc largement dans la zone voulue, malgré sa
proximité de la mer.

Des observations faites par le Dr Cagnoli à
Saint-Martin, il résulte que la pression barométrique moyenne est de 681 m/m pendant l'été.

La température remarquable par sa constance
d'un jour à l'autre et par la faible amplitude de
l'oscillation nycthémérale (écart entre les maxima
diurnes et les minima nocturnes) a donné les
moyennes suivantes pour une période de dix
années :

Du 15 au 30 juin.........................	16°,3
Juillet....................................	18°,1
Août..	17°,7
Septembre	14°,7
Du 1er au 15 octobre....................	13°,5

Pendant cette période de quatre mois, le même
observateur a noté, comme moyenne de dix
années : trois journées seulement de vent assez

fort, chiffre très faible qui est dû à la protection d'une véritable ceinture de montagnes hautes de 2.000 à 3.000 mètres autour de Saint-Martin. Une brise régulière formée de l'air frais qui monte des vallons de la Vésubie, du Boréon et de la Madone vers les sommets brûlés de soleil renouvelle seule l'atmosphère.

Les orages redoutés en Auvergne et dans les Pyrénées pour la dépression nerveuse qui les accompagne sont rares (1 à 2 par mois) ; le brouillard, fréquent en Suisse, est inconnu.

Nous croyons donc pouvoir indiquer Saint-Martin comme résidence d'été aux groupes de malades suivants :

a) Anémiques relevant du paludisme, de la chlorose, de la tuberculose latente, de la neurasthénie, etc.

b) Asthme nerveux, bronchites chroniques, reliquats de pleurésies, convalescence de la grippe, etc.

c) Tuberculeux du 1er et du 2me degré, peu sujets à la fièvre et à l'hémoptysie. Hâtons-nous de dire toutefois que cette catégorie de malades sera mieux à Thorenc, dont l'altitude est plus élevée et où l'on trouvera toutes les ressources d'un véritable sanatorium.

Deux mots maintenant sur *La Bollène*, une station non loin de Saint-Martin.

La Bollène (altitude 650 mètres), que l'on

trouve sur la route de Saint-Martin, 10 kilomètres avant d'arriver à cette station terminus, sur
un plateau boisé, où la vue est splendide, est un
séjour utile à conseiller aux personnes âgées,
aux cardiaques, aux tuberculeux avec éréthisme
nerveux ou circulatoire. Il peut servir de station
de transition.

III. — BERTHEMONT-ROQUEBILLÈRE

Cette petite station d'été se trouve sur la route
de Nice à Saint-Martin-Vésubie, à une altitude
de 830 mètres. Les eaux de Berthemont étaient
connues et utilisées par les Romains ; oubliées
pendant des siècles, perdues dans ce site pittoresque où les communications étaient si difficiles,
elles viennent de rentrer en faveur, tout au moins
auprès des habitants du département, heureux
d'avoir sous la main la panacée qu'ils allaient
chercher onéreusement en Italie, ou dans les
Pyrénées.

Le captage de trois sources, la construction
d'une route, d'un hôtel confortable et de quelques
villas ont depuis six à huit ans permis de classer
Berthemont dans l'annuaire des stations hydro-
minérales. La gare de Vésubie est à deux heures
et demie de voiture.

Les eaux de Berthemont appartiennent au
groupe des *sulfurées sodiques*, comme Barèges,
Cauterets, Eaux-Bonnes, Luchon et Saint-

Sauveur. De même que les eaux de ces stations connues, elles jaillissent claires et incolores, se troublent bientôt à l'air, en laissant précipiter du soufre et déposer, sur les vases et les conduits, une matière onctueuse dite barégine. L'élément actif est le *sulfure de sodium* qui agit en se décomposant rapidement dans l'organisme et mettant en liberté de l'acide sulfurique qui est éliminé en nature par la peau, par les muqueuses (bronches, tube digestif) et à l'état de sulfates par les reins. Ces eaux sulfurées sodiques sont généralement mieux acceptées et mieux supportées que celles dites hydrosulfurées, c'est-à-dire qui contiennent de l'acide sulfhydrique libre et dont l'emploi se trouve presque exclusivement réduit à l'usage externe.

Peu minéralisées en général, les eaux sulfurées ont un caractère alcalin nettement accusé grâce aux carbonates ; les eaux de Berthemont ne font pas exception à la règle.

Les sources sont au nombre de trois qui ont une composition identique et ne diffèrent que par la température : la source Saint-Michel qui sourd à 1,150 mètres accuse 19°, les sources Saint-Jullien et Saint-Jean captées à 1006 mètres, chacune sur une rive du torrent l'Espaillard accusent 30°. Le débit total est d'environ 900 hectolitres par jour.

Après cet exposé des ressources climatériques estivales du département des Alpes-Maritimes,

nous nous croyons autorisés à protester avec
M. Huchard contre l'opinion généralement
répandue et dont un auteur s'est fait l'écho dans
un livre de vulgarisation sur les stations d'hiver
et d'été. Le Dr de la Harpe s'exprime ainsi :
« Le Midi a un défaut capital, c'est d'avoir tout
concentré dans la station d'hiver et de ne pas
posséder de stations d'été. » Notre département
peut être considéré au point de vue topogra-
phique par une succession de terrasses et d'espa-
liers orientés au Midi et finissant à la mer, ce
régulateur constant de la température. En bas
sont Nice, Cannes et Menton ; dans la partie
intermédiaire, stations de printemps, Grasse et
Vence ; plus haut, dominées par les grandes
Alpes, sont nos stations de montagne : Berthemont, La Bollène, et Saint-Martin-Vésubie.

Journal des Praticiens (juillet 1898).

HOTELS DE NICE

Des Anglais, Promenade des Anglais, 1.
D'Angleterre, sur le Jardin-Public.
De France, Avenue Masséna.
Grand-Hôtel, Quai Saint-Jean-Baptiste.
Grande-Bretagne, Jardin-Public.
Grimaldi, Place Grimaldi.
Luxembourg (de), Promenade des Anglais, 9.
Méditerranée (de la), Promenade des Anglais, 25.
Palmiers (des), Boulevard Victor-Hugo, 44.
West-End, Promenade des Anglais, 31.
Splendid, Boulevard Victor-Hugo, 50.
Tarelli, rue de France, 5.
Victoria, Boulevard Victor-Hugo, 33.
Westminster, Promenade des Anglais, 27.

PENSIONS

Pension Busby, 36 et 38, rue Cotta.
Pension Michelin, 33, rue Cotta.
Pension de France, rue de France, 33.
Pension Rivoir, Promenade des Anglais, 23.
Pension des Orangers, boulev. Victor-Hugo, 52.
Pension Anglaise, Promenade des Anglais, 77.
Pension Brice, 42, rue Cotta
Pension de famille, 11, rue de France.

HOTELS DES VILLES D'EAUX
ET STATIONS D'ÉTÉ

Allevard-les-Bains (Isère). — Grand-Hôtel des Bains. — Grand-Hôtel du Louvre.

Amélie-les-Bains (Pyrénées-Orientales). — Hôtel des Thermes. — Hôtel Pujade.

Bagnères-de-Bigorre. — Grand Hôtel de Londres et d'Angleterre. — Grand Hôtel de Paris.

Barèges (Hautes-Pyrénées). — Hôtel de France. — Hôtel d'Europe.

Berthemont (Alpes-Maritimes). — Hôtel Tarelli.

Biarritz (Basses-Pyrénées). — Grand-Hôtel. — Hôtel du Palais.

Bollène (la) (Alpes-Maritimes). — Grand-Hôtel.

Boulogne. — Grand Hôtel Bristol. — Hôtel des Bains.

Bourbonne-les-Bains (Haute-Marne). — Grand-Hôtel.

La Bourboule (Puy-de-Dôme). — Hôtel des Iles-Britanniques. — Hôtel de l'Univers.

Bussang (Vosges). — Hôtel des Bains et de l'Etablissement.

Cauterets (Hautes-Pyrénées). — Hôtel d'Angleterre. — Hôtel des Bains.

Challes (Savoie). — Grand Hôtel d'Angleterre.

Clermont-Ferrand (Puy-de-Dôme). — Hôtel de la Paix. — Hôtel de la Poste.

Contrexeville (Vosges). — Hôtel de l'Etablissement. — Hôtel de Paris.

Dieppe. — Hôtel Royal. — Hôtel des Bains.

Dinan (Côtes-du-Nord). — Hôtel d'Angleterre. — Hôtel de Bretagne.

Eaux-Bonnes (Basses-Pyrénées). — Hôtel de France. Hôtel des Princes.

Enghien (Seine-et-Oise). — Hôtel de la Paix. — Hôtel des Bains.

Evian (Haute-Savoie). — Hôtel des Princes.

Luchon. — Hôtel Continental et de la Métropole.

Mont-Dore. — Nouvel Hôtel. — Hôtel Sarciron-Rainaldy.

Saint-Martin-Vésubie (Alpes-Marit.). — Hôtel des Alpes.

Trouville (Calvados). — Hôtel des Roches noires. — Hôtel de Paris.

Vichy. — Nouvel Hôtel Guillermen. — Hôtel du Parc.

Genève. — Hôtel Beau-Rivage. — Hôtel de la Paix.

Lucerne. — Hôtel Schweizerhoff. — Hôtel National.

Davos-Platz. — Victoria Hôtel.

Lausanne. — Hôtel Richemont.

Vevey. — Hôtel des Trois Couronnes.

Carlsbad. — Roscher Hotel. — Anger Hotel.

Hombourg. — Royal Victoria Hôtel.

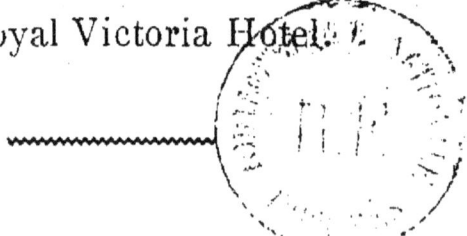

TABLE DES MATIÈRES

~~~~~~~~~

MÉDICAMENTS SPÉCIAUX

DE LA

PHARMACIE ANGLO-AMÉRICAINE

COIN : 2, RUE DE FRANCE et RUE MACCARANI, 1

TÉLÉPHONE

~~~~~~~~~

E. LIOTARD

PHARMACIEN DE 1re CLASSE

CHIMISTE-LAURÉAT, EX-INTERNE DES HOPITAUX
MEMBRE DE LA SOCIÉTÉ DE MÉDECINE

NICE

—❦—

Anémie — (PAUVRETÉ DU SANG) Poudre Reconstituante ferrugineuse......................la boite	2	»
— (PAUVRETÉ DU SANG) Vin Reconstituant non ferrugineux...............la bouteille	3	75
Bronchite chronique — Elixir du Dr Léon.....le flacon	3	»
— — Huile de Foie de Morue créosotée......................... —	2	50
Constipation — Pilules de Rhubarbe compos.....la boîte	1	»
Coqueluche — Sirop du Dr Desessartz..........le flacon	2	»
Coriza — (RHUME DE CERVEAU) Poudre à priser...la boîte	1	»
Courbature — Embrocation Anglaise (Liniment)..le flacon	2	»
Chlorose — (PALES COULEURS) Sirop de Proto-iodure de fer.......le flacon	2	50
Diarrhée — Elixir Cordial............... —	2	»
Digestion — Elixir de Pepsine......... —	2	»
Dartres, Eczémas — Pom. Dermique du Dr Boyer le pot	2	»
Dépuratifs — Rob dépuratif (p. grand. personnes) le flacon	3	50
— Sirop de Raifort iodé (pour enfant). —	2	50
Dentifrice américain .. .. —	2	»
Dentition — Sirop pour faciliter la dentition.... —	1	»
Douleurs — Baume contre les douleurs.... .... —	2	»
Maladies nerveuses — Sirop de Brom. de potass. —	2	50
Migraine — Cachets Antipyrine et quinium.....la boîte	2	»
Mal de dents — Baume dentaire.............le flacon	0	50
Reconstituant — Poudre reconstituante........la boîte	2	»
— Vin reconstituant.........la bouteille	3	75
Rhumatisme — Pom. anti-rhum. du Dr Bourguet. le pot	3	»
Rhume — Pâte et sirop pectoral...la boîte, 1 25 ; le flacon	2	50
Scrofule — Sirop Iodotanique................. —	2	50
Surmenage — (FATIGUE) Elixir et vin de Kola. —	3	»
Vers des enfants — Elixir vermifuge .... —	1	»
Ver solitaire ou Tœnia — Remède infaillible... —	5	»

SEDLITZ Charles CHANTEAUD
PURGATIF RAFRAICHISSANT

Le **Sedlitz granulé Charles Chanteaud** remplace avantageusement l'eau purgative de Sedlitz, dont il a toutes les propriétés et aucun des inconvénients. Il n'a pas la saveur nauséeuse des eaux naturelles, mais un goût salé auquel on s'habitue promptement. Indépendamment de son action immédiate, il ne provoque ni coliques, ni maux d'estomac, et a une action très marquée sur le sang, dont il augmente la rutilance et entretient la fraîcheur.

Grâce au **Sedlitz Charles Chanteaud**, le corps se trouve dégagé et on a la tête libre. Son usage journalier ne fatigue ni n'affaiblit donc pas l'économie ; au contraire, on est plus dispos et plus fort, parce que toutes causes d'irritation et d'échauffement sont écartées.

Depuis dix-huit ans, la réputation du **Sedlitz Charles Chanteaud** n'a fait que s'accroître ; aujourd'hui elle est universelle. Les médecins en recommandent l'usage journalier pour combattre surtout les maladies d'échauffement, la constipation. Son efficacité est également remarquable contre l'état bilieux, la migraine, la goutte, les rhumatismes, les hémorrhoïdes, les affections de l'estomac, etc.

Prix du flacon, avec instruction, **3** francs, dans toutes les pharmacies.

Pour éviter les contrefaçons, exiger la signature de l'inventeur **Charles Chanteaud**, préparateur des médicaments dosimétriques authentiques.

54, RUE DES FRANCS-BOURGEOIS, PARIS

LE SULFHYDRAL
ou Sulfure de Calcium chimiquement pur
de Charles CHANTEAUD

est complètement inoffensif même à haute dose ; puissant antiseptique général, il devient spécial et merveilleux d'action dans tous les maux de gorge et des voies respiratoires, dans la diphtérie, le croup, les angines, la tuberculose pulmonaire, la coqueluche, les fièvres éruptives, rougeole, scarlatine, variole, la fièvre typhoïde, etc.

DOSE : *Depuis 6 à 8 granules par jour comme préventif, jusqu'à effet utile et saturation dans les cas aigus et graves.*

PARIS, 54, Rue des Francs-Bourgeois, PARIS

PHARMACIE ANGLO-AMÉRICAINE
2, Rue de France à Nice

Les produits chimiques et pharmaceutiques employés à la **Pharmacie Anglo-Américaine** sont d'une **pureté absolue et de qualité irréprochable.** Toutes les préparations sont faites par le propriétaire *(pharmacien de 1re classe)*, ou sous sa surveillance directe. MM. les clients peuvent donc compter sur la plus scrupuleuse exécution des prescriptions.

LABORATOIRE SPÉCIAL D'ANALYSES

Possédant les appareils nouveaux et perfectionnés, dirigé par le titulaire, ex-élève

des Facultés des Sciences et Écoles supérieures de l'État

Service de Nuit assuré

DISPENSAIRE HOMŒOPATIQUE SPÉCIAL

Dépôt de toutes les Spécialités Françaises et Étrangères

Articles de Parfumerie

DÉPOT D'EAUX MINÉRALES

Articles en Caoutchouc

OBJETS DE PANSEMENT

BANDAGES

N.-B. — La **Grande Pharmacie Anglo-Américaine**, par son organisation et ses grands approvisionnements, peut rivaliser avec les grandes pharmacies de Paris. *Les titres scientifiques du Propriétaire sont une bonne garantie pour tout ce qui concerne les ordonnances médicales et analyses.*

PHARMACIE
ANGLO-AMÉRICAINE

(1re Classe)

NICE

Coin : 2, Rue de France,

et 1, Rue Maccarani.

On Parle les Langues Étrangères

ANALYSES MÉDICALES

TÉLÉPHONE

PRIX LES PLUS MODÉRÉS

La "PHOSPHATINE FALIÈRES" est l'aliment le plus agréable et le plus recommandé pour les enfants dès l'âge de 6 à 7 mois, surtout au moment du sevrage et pendant la période de croissance. *Il facilite la dentition, assure la bonne formation des os.*

PARIS, 6, AVENUE VICTORIA ET PH^cies

PHARMACIE ANGLO-AMÉRICAINE

E. LIOTARD

Pharmacien de Première Classe

NICE

2, RUE DE FRANCE, 2

NICE. — Imprimerie V.-Eug. Gauthier et C°, 27, av. de la Gare

www.ingramcontent.com/pod-product-compliance
Lightning Source LLC
Chambersburg PA
CBHW072112090426
42739CB00012B/2944